JN075387

日本語能力試験対策問題集

JLPT 聴解 N4

ポイント & プラクティス

田代ひとみ・初鹿野阿れ・大木理恵・中村則子　著

Listening
听力
Nghe hiểu

スリーエーネットワーク

Published by 3A Corporation.
Trusty Kojimachi Bldg., 2F, 4, Kojimachi 3-Chome, Chiyoda-ku, Tokyo 102-0083, Japan

ISBN978-4-88319-874-0 C0081

First published 2021
Printed in Japan

はじめに

「JLPT ポイント&プラクティス」シリーズ

　日本語能力試験（Japanese-Language Proficiency Test）は、日本語を母語としない人の日本語能力を測定し認定する試験です。日本語の能力を証明する手段として、進学・就職・昇給昇格・資格認定など様々な場面で活用されており、日本語能力試験合格は多くの学習者の目標になっています。

　日本語能力試験は 2010 年に、受験者やその目的の多様化、活用の場の広がりなどを受けて、「課題遂行のための言語コミュニケーション能力」を測る試験として内容が大きく変わりました。しかし、膨大な言語知識を学び、その運用力を高めることは簡単ではありません。中でも非漢字圏の出身者や、勉強時間の確保が難しい人にとっては、合格までの道のりは非常に困難なものであることが少なくありません。

　本シリーズは、受験者の皆さんが、試験に必要な最低限の力を短期間で身につけ、合格に近づけるよう考えられた対策問題集です。厳選された学習項目について問題を解きながら理解を深め、力をつけることを目指します。

本書では、N4 レベルの「聴解」を学びます。

本書の特長

> ①実際の試験と同じ形式の問題をしっかり練習できる。
> ②解説が充実しており、独習もできる。
> ③試験に出そうな基本項目がリストとしてまとめられており、効率的に学べる。

　聞き取りが苦手だという学習者の声をよく聞きます。話を聞いていてわからないところがあっても、音声は消えてしまい、その場で確認するのがむずかしいことも一因だと思われます。本書では、聴解の力を養うために、「習うより慣れろ」の精神で、初めから実際の日本語能力試験と同じ形式の問題を解いていきます。問題を解きながら、聞き取りに大切な項目を翻訳つきの解説とリストによって効率的に学べます。また、イラストや表を用いて視覚的にも楽しく学べるように工夫しました。本書が日本語能力試験の勉強に役立ち、さらに生活、仕事をする際の助けになることを心から願っています。

2021 年 4 月　著者

目次
もくじ

はじめに

問題パート
もんだい

日本語能力試験 N4「聴解」の紹介

●試験のレベル

初級　N5　**N4**　N3　N2　N1　→　上級

日本語能力試験は、N5～N1 の 5 レベルです。

N4 は、「基本的な日本語を理解することができる」かどうかを測ります。

● N4 の試験科目と試験時間

科目	言語知識（文字・語彙）	言語知識（文法）・読解	聴解
時間	25分	55分	35分

● N4 の「聴解」問題

	大問	小問数	ねらい
1	課題理解	8	まとまりのあるテキストを聞いて、内容が理解できるかどうかを問う（具体的な課題解決に必要な情報を聞き取り、次に何をするのが適当か理解できるかを問う）
2	ポイント理解	7	まとまりのあるテキストを聞いて、内容が理解できるかどうかを問う（事前に示されている聞くべきことをふまえ、ポイントを絞って聞くことができるかを問う）
3	発話表現	5	イラストを見ながら、状況説明を聞いて、適切な発話が選択できるかを問う
4	即時応答	8	質問などの短い発話を聞いて、適切な応答が選択できるかを問う

「小問数」は毎回の試験で出題される小問数の目安で、実際の試験での出題数は多少異なる場合があります。また、「小問数」は変更される場合があります。

● N4 の得点区分と合否判定

得点区分	得点の範囲	基準点	合格点／総合得点
言語知識（文字・語彙・文法）・読解	0 ～ 120 点	38 点	90 点／180 点
聴解	0 ～ 60 点	19 点	

　総合得点は 180 点で、90 点以上で合格です。ただし、「言語知識（文字・語彙・文法）・読解」「聴解」の得点区分でそれぞれ 38 点以上、19 点以上必要です。総合得点が 90 点以上でも、「言語知識（文字・語彙・文法）・読解」で 37 点以下、または「聴解」で 18 点以下だと不合格です。

日本語能力試験公式ウェブサイト（https://www.jlpt.jp/）より抜粋

　詳しい試験の情報は、日本語能力試験公式ウェブサイトでご確認ください。

この本をお使いになる方へ

1. 目的

聴解問題のポイントを理解し、試験合格に必要な最低限の力を身につける。

2. 構成

①本冊

●問題パート

問題形式の説明と例題

本試験の４つの問題形式を初めて学ぶ回は、その問題形式についての説明があり、問題を解く流れ、状況説明文と質問文の例、聞き方のポイントが書いてあります。そのあとに、例題、解答、解説、スクリプトがあります。

練習問題

それぞれの問題形式に対応した練習問題があります。１回目から１０回目までは１種類から３種類の問題形式を扱っています。11、12回目は模擬試験に備えて、すべての問題形式の問題があります。

●模擬試験

実際の試験と同じ形式の問題です。どのぐらい力がついたか、確認できます。

●リストパート

リストは、「あいさつ」「許可を求める」「誘う」など、試験によく出題される表現を例文とともにまとめたものです。「話しことば」の音の変化や、「イントネーション」による意味の違いなど、音声に関わる項目についても整理して載せました（「イントネーション」は音声つき）。例題の解説や練習問題の解説（別冊）に、関連するリストのページが➡で示されています。

②別冊

●スクリプトと解答・解説

正答とその解説だけでなく、誤答にも解説をつけたものもあります。解説は翻訳がついています。

③音声

CD2枚つき。当社 web サイトでも音声を聞くことができます。

https://www.3anet.co.jp/np/books/3886/

問題に加えて、リストの「3. イントネーション（p.53）」にも音声を

つけました。

3. 凡例

🔊 トラック番号　　　➡ リスト参照先

4. 表記

　基本的に常用漢字表（2010年11月）にあるものは漢字表記にしました。ただし、著者らの判断でひらがな表記のほうがいいと思われるものは例外としてひらがな表記にしてあります。本冊、別冊ともに漢字にはすべてふりがなをつけました。

5. 独習の進め方

　日本語能力試験 N4 の聴解問題には、4つの問題形式（課題理解、ポイント理解、発話表現、即時応答）があります。1回目から順に進めてください。例えば1回目では最初に、課題理解の流れ、ポイントが解説されているので、それを理解したあとで、例題をやってみましょう。そして、例題をやったら、答えと解説を読んで、自分がなぜ間違えたか、理解が足りなかったところはどこか、確かめてください。それから、➡で示されたリストを見て、似たような表現、間違えやすい表現などを確認してください。その後、練習問題をやります。練習問題も例題と同じように答え合わせをしてください。

　クラスで学習する場合は、45分で1回が勉強できるようにしてあります。しかし、一人で勉強する場合は自分のペースで進めてください。1回に勉強する時間は短くてもいいですが、毎日続けることが大切です。問題をやっている時は、絶対にスクリプトを見ないでください。答えを確かめたあとで、自分の理解を深めるために、スクリプトを読んで確認してください。

For users of this book

1. Purpose

To understand the points of the listening comprehension questions, and acquire the minimum ability needed to pass the test.

2. Structure

①Main textbook

●Questions part

Explanations of the types of questions and examples

There are four types of questions in the actual test. In this textbook, the first time the student learns each type of question, there are explanations about the type of question as well as the process for solving the question, the examples of questions and sentences that explain situations and points for listening. After that, there are example questions, answers, comments and a script.

Practice Questions

There are practice questions for each type of question. From lesson 1 to 10, there are between 1 and 3 types of question. In preparation for the mock test, all the types of question are given in lessons 11 and 12.

●Mock Test

This test is made in the same format as the actual test. Students can check how much ability they have gained.

●List

The list is a collection of expressions that are commonly used in the test, such as "greetings", "asking permission" and "inviting". Items related to speech sounds, such as changes of pronunciation in colloquial language and difference in meaning depending on "intonation", have also been included in this book. (The sound of the example sentences in the section on "intonation" is recorded.) The ➔ arrow in the explanations of sample questions and the explanations of practice questions in the annex indicates the page of the related list.

②Annex

●Scripts, answers, and explanations

Not only correct answers and comments, but also comments on incorrect answers can be found. The explanations are translated.

③Sound

2 CDs included. The audio portions can also be heard through our company's web site at

https://www.3anet.co.jp/np/books/3886/

The audio of the questions and "3. Intonation" on page 53 has been included on the audio files.

3. Explanatory notes

  Track number   ➡ Reference page of the list

4. Orthography

In general, kanji designated (in November 2010) for daily use (Joyo kanji) are used. Occasionally, however, some words chosen by the authors are written in hiragana. All kanji in the main text, as well as in the annex, have furigana printed over the kanji.

5. Promoting self-study

In the listening part of the N4 Japanese Language Proficiency Test, there are 4 types of questions: task-based comprehension, comprehension of key points, verbal expressions, and quick response. Please start from the first lesson. In the first lesson, for example, the flow and listening points of task-based comprehension questions are explained, so once you have understood them, the example exercise should be tried. Then once the example exercises have been done, read the answers and comments, and check why you made mistakes, and check which things you do not understand yet. Next, please look at the list that the ➡ arrow indicates to check similar expressions as well as expressions that are easy to mistake. Then please move on to the practice questions and check your answers in the same way as you did for the example exercise.

For learning in a classroom, each section is designed to be studied for 45 minutes; however in the case of studying by yourself, please study at your own pace. It is fine to study, for short amounts of time, but it is important that you continue to study every day. When answering the questions, please do not look at the scripts. After having checked your answers, read the scripts to deepen your own understanding.

致本书使用者

1. 编写目的

理解听力考试的答题要点，具备通过考试所需的最低限度的能力。

2. 内容结构

①本册

●试题篇

题型讲解和例题

在首次介绍正式考试中四道大题题型的课里，内容包括题型讲解、答题步骤、对话情景说明和提问句示例、听力考试的答题要点。后面附有例题、答案、解析和听力原文。

练习题

本书第 1 课到第 10 课设置的练习题分别对应四道大题的各种题型，每课对应一至三道大题的题型。第 11 课、第 12 课是为了熟悉模拟题而设置的，包含所有题型。

●模拟题

模拟题与正式考试题型完全相同，学习者可以检测一下自己的能力水平。

●知识点列表篇

知识点列表中汇总了考试中的高频考点，如"打招呼语""征求许可""邀请"等，都附有例句。还汇总了与语音相关的知识点，如"口语"中的语音变化、不同"语调"表达的语义也不同等（"语调"部分附音频）。在例题和（别册）练习题的解析中，用➜符号标明了相关知识点列表的页码。

②别册

●听力原文和答案·解析

不仅有正确答案和解析，还对部分错误的选项给出了解析。解析附有译文。

③音频文件

本书附赠两张 CD，也可以在本社官网直接收听相关音频文件。

https://www.3anet.co.jp/np/books/3886/

除试题之外，知识点列表的"3. 语调（p.53）"也附有音频。

3. 范例

🔊 音频文件序号　　　　➡ 参照的知识点列表页码

4. 书写规则

本书基本上在常用汉字列表（2010 年 11 月版）范围内的汉字都用汉字书写。但是作为例外情况，作者认为应该用平假名书写的地方是用平假名书写的。本册和别册的所有汉字都标注了读音假名。

5. 自学学习方法

日语能力考试 N4 级听力考试中有四种题型（问题理解、重点理解、语言表达、即时应答）。请从第一课开始按顺序学习。例如第一课首先讲解了问题理解题的答题步骤和要点，理解了这些内容之后再来做例题。做完例题后阅读答案和解析，反思自己为什么做错了，哪些地方理解得还不够到位。然后阅读➡符号标记的知识点列表篇，掌握相类似的或者容易出错的说法。完成上述学习之后再来做练习题，按照和做例题时相同的步骤核对答案。

如果学习者是在学校学习，45 分钟可以完成一次课的内容。但是自学者请按照自己的节奏推进学习，每次学习时间短也没关系，重要的是每天坚持。答题时请一定不要看听力原文。请核对完答案之后再阅读听力原文，这样可以加深自己对听力内容的理解。

Dành cho người dùng sách này

1. Mục đích

Hiểu được điểm chính yếu của câu hỏi Nghe hiểu và đạt được năng lực tối thiểu cần thiết để thi đậu.

2. Cấu trúc

①Sách chính

●Phần câu hỏi

Giải thích dạng thức câu hỏi và bài mẫu

Ở lần học đầu tiên từng dạng thức trong 4 dạng câu hỏi của kỳ thi JLPT, sách sẽ có phần giải thích về dạng câu hỏi đó, đi kèm với trình tự giải đề, các mẫu câu hỏi và câu giới thiệu tình huống, các điểm chính của cách nghe. Tiếp theo là bài mẫu, đáp án, giải thích đáp án và văn bản phần nghe.

Bài tập

Có bài tập tương ứng với từng dạng câu hỏi. Từ Lần 1 đến Lần 10, sách trình bày từ một đến ba dạng câu hỏi. Lần 11 và 12 có bài tập cho tất cả các dạng nhằm chuẩn bị cho bài thi thử.

●Bài thi thử

Là đề thi có cùng dạng thức với bài thi thật. Người học có thể kiểm tra mức độ năng lực mình đã đạt được.

●Phần danh mục

Phần danh mục tổng hợp các mẫu diễn đạt thường xuất hiện trong đề thi như "Chào hỏi", "Hỏi xin phép", "Rủ rê" đi kèm với câu ví dụ. Chúng tôi cũng sắp xếp và liệt kê vào đây các mục có liên quan đến ngữ âm như biến âm trong "Văn nói", sự khác biệt về nghĩa tùy vào "Ngữ điệu" v.v. (phần "Ngữ điệu" có kèm theo file nghe). Ở phần giải bài mẫu và giải bài tập (Phụ lục), số trang trong Danh mục của phần có liên quan được đánh dấu bằng ➡.

②Phụ lục

●Văn bản nghe và đáp án, giải thích đáp án

Sách không chỉ có câu trả lời đúng kèm giải thích mà còn có cả phần giải thích câu trả lời sai. Có bản dịch cho phần giải thích đáp án.

③Âm thanh

2 dĩa CD đính kèm. Người học cũng có thể nghe trên trang web của nhà xuất bản.

https://www.3anet.co.jp/np/books/3886/

Ngoài phần bài tập, mục "3. Ngữ điệu (tr.53)" trong Danh mục cũng có file nghe.

3. Chú thích

🔊 Số track   ➡ Chỗ đối chiếu trong Danh mục

4. Ký tự

Về cơ bản, chúng tôi ghi những chữ có trong bảng Hán tự thông dụng (11/2010) bằng Hán tự. Tuy nhiên, những chỗ nhóm tác giả cho rằng ghi bằng Hiragana dễ hiểu hơn thì được xem như ngoại lệ và thể hiện bằng Hiragana. Các Hán tự trong sách chính lẫn Phụ lục đều được phiên âm.

5. Cách tự học

Đề Nghe hiểu của bài thi Năng lực Nhật ngữ N4 có 4 dạng câu hỏi (Hiểu yêu cầu câu hỏi, Hiểu điểm chính, Diễn đạt bằng lời nói, Đối đáp tức thời). Hãy học theo thứ tự, bắt đầu từ Lần 1. Ví dụ trong phần đầu tiên của Lần 1, sách sẽ giải thích về trọng tâm và trình tự của dạng Hiểu yêu cầu câu hỏi nên sau khi đã nắm vững phần đó hãy bắt tay vào làm bài tập mẫu. Khi làm xong bài mẫu, hãy đọc phần đáp án và giải thích để xác định tại sao mình sai và chỗ nào mình chưa hiểu rõ. Tiếp theo là xem Danh mục ở chỗ được đánh dấu bằng ➡, kiểm tra lại các mẫu diễn đạt tương tự, các mẫu diễn đạt dễ nhầm lẫn. Sau đó làm bài luyện tập. Kiểm tra đáp án sau khi làm bài luyện tập, giống như với bài tập mẫu.

Mỗi bài trong sách này được thiết kế để học trong 45 phút với trường hợp học ở lớp. Tuy nhiên, nếu học một mình thì người học có thể thực hiện tùy theo nhịp độ của bản thân. Thời gian học mỗi lần có thể ngắn cũng không sao, điều quan trọng là duy trì học mỗi ngày. Khi giải bài thì tuyệt đối không được xem văn bản phần nghe. Chỉ sau khi đã biết đáp án thì mới được đọc văn bản để xác nhận lại nhằm hiểu sâu hơn.

この本をお使いになる先生へ

1. 教室授業の進め方、学習時間

　この本は各回を 45 分程度で進められるように構成しました。以下のように進めていくことを想定していますが、学習者の学習速度や理解度に合わせて調整してください。

●クラス授業の場合、別冊の解答は予め教師が集めて、預かっておくやり方もあります。学習者が自分で考える前にスクリプトや答えを見てしまうことが避けられます。

● 1、2、4、6 回目の冒頭では、問題形式について説明しています。「1. 各問題形式の流れ」と「2. 聞き方のポイント」で、各形式の特徴を理解し、どのように聞いたらいいかを確認します。次に例題で、確認したポイントを意識しつつ聞き取る練習をします。まず 1 回音声を聞きながら、学習者に答えを書かせます。次に答え合わせをしますが、クラスの状況によってはもう一度聞いて、そのあとに答え合わせをします。解答には正答・誤答の解説があります。学習者がなぜ間違えたのかを考えさせるために利用してください。また、重要な表現がある場合には、参照すべき「リスト」のページが書かれています。「リスト」では関連した表現・文型も学ぶことができます。時間がない場合、「リスト」はページを示して自宅学習とします。時間に余裕があれば、最後に確認のためにもう一度音声を聞きます。

●練習問題のうち課題理解、ポイント理解は会話が長いので、1 回聞いて答え合わせをして、確認のためもう一度聞きます。発話理解と即時応答の練習は 1 回聞いて、答え合わせをし、次の問題に移るという流れで進めます。例題と同様、解答には答えの解説とともに「リスト」の参照先があるので、利用してください。

●全 12 回のあとには模試があります。本試験と同じ時間で行います。実際の試験に合格するためには、全問正解する必要はありません。自分が間違えやすい問題形式や、間違えた理由を確認させましょう。

2. 教える時のポイント

●問題によって聞き方を変える必要があるので、各問題形式の説明に書かれている特徴を学習者によく説明し、問題を解く際に思い出させてください。

●リストを使えば、既習の学習内容を聴解に結びつけることができます。また、学習者の頭の整理にも役に立ちます。

●実際の試験は音声を1回しか聞けませんので、学習者が「わからない」と言っても、答えを書く前の聞き返しは1回にとどめたほうがいいです。

●答え合わせで音声を聞き直す時は、解答に関わる箇所で止めて、なぜそのような答えになるのか確認します。途中で音声を止めながら聞くと、理解しやすくなります。

●授業の終わりにスクリプトを見せ、各自が聞き取れなかった語彙や表現をチェックさせ、覚えるように言いましょう。また、次の授業で、クイズ形式でスクリプトの穴埋め問題、ディクテーションなどをすることも効果的です。

このシリーズでは、学習に合わせて、忍者と一緒に日本各地を旅します。「文法」「文字・語彙」「読解」「聴解」を合わせて学習することで、日本一周ができます。

「聴解」では「北海道・東北地方」を旅します。

In this series, you will travel around Japan with a ninja as you learn. You can go around Japan as you study "grammar", "vocabulary", "reading", and "listening".

With the "listening", you will travel to Hokkaido and the Tohoku region.

在本系列丛书，伴随着学习，大家和忍者一起到日本各地旅行。学完"语法""文字·词汇""阅读""听力"可以游遍全日本。

在"听力"单册到"北海道·东北地区"旅行。

Trong bộ sách này, bạn sẽ được cùng ninja đi du lịch các nơi trên nước Nhật tương ứng với việc học của mình. Bằng việc học đủ "Ngữ pháp", "Từ vựng", "Đọc hiểu", "Nghe hiểu", bạn sẽ được đi vòng quanh Nhật Bản.

Trong sách "Nghe hiểu", bạn sẽ chu du "khu vực Hokkaido và Tohoku".

問題パート

Questions part
试题篇
Phần câu hỏi

1 回目

課題理解 練習 **課題理解**
かだいりかい　れんしゅう　かだいりかい

Task-based comprehension Practice Task-based comprehension
问题理解 练习题 问题理解
Hiểu yêu cầu câu hỏi Luyện tập Hiểu yêu cầu câu hỏi

Ⅰ. 課題理解の流れ　実際の試験のもんだい Ⅰ
かだいりかい　なが　じっさい　しけん

状況説明文と質問文を聞く　→
じょうきょうせつめいぶん　しつもんぶん　き

話を聞く　→　もう一度質問文を聞く　→
はなし　き　　いちど　しつもんぶん　き

問題用紙に書かれた選択肢から答えを選ぶ
もんだいようし　か　せんたくし　こた　えら

（選択肢が絵の場合が多い）
せんたくし　え　ばあい　おお

何をしなければなら
なに
ないか考えよう。
かんが

Listen to the question and sentences that explain the situation. → Listen to the conversation. → Listen to the question again. → Choose the answer from the choices written on the question sheet. (In many cases, there are illustrations for the choices.)

听对话情景说明和提问句 → 听对话 → 再听一遍提问句 → 从试卷上的选项中选出正确答案（选项很多时候是图片）

Nghe câu giới thiệu tình huống và câu hỏi → Nghe cuộc nói chuyện → Nghe lại câu hỏi → Chọn câu trả lời trong số các lựa chọn in trên đề (Có nhiều trường hợp lựa chọn là tranh vẽ.)

状況説明文　例 じょうきょうせつめいぶん　れい	質問文　例 しつもんぶん　れい
会社で男の人と女の人が話しています。 かいしゃ　おとこ　ひと　おんな　ひと　はな	女の人は、このあと何をしますか。 おんな　ひと　　なに
学校で先生が旅行について話しています。 がっこう　せんせい　りょこう　　はな	学生は何を持ってこなければなりませんか。 がくせい　なに　も
図書館の人が学生に話しています。 としょかん　ひと　がくせい　はな	いつまでに本を返さなければなりませんか。 ほん　かえ

2. 聞き方のポイント
き　かた

①「何をしなければならないか」
なに
に気をつけて聞こう。「〜てく
き　き
ださい」「〜てくれる？」など
に注意。
ちゅうい

②選択肢は絵が多いよ。話を聞
せんたくし　え　おお　はなし　き
く前によく見よう。
まえ　み

③メモが大切。時間、持ってい
たいせつ　じかん　も
く物などをメモしよう。
もの

④選択肢が絵のときは、絵
せんたくし　え　　え
に○×などを書きながら聞
か　き
こう。

選択肢　Choices ／选项／ lựa chọn　　持っていく物　What is to be brought along ／要带去的物品／ vật mang theo
せんたくし　　　　　　　　　　　　　　　も　　　　もの

3．例題 🔊 A 01

　このもんだいでは、まず　しつもんを　聞いて　ください。それから　話を　聞いて、もんだいようしの　1から4の　中から、いちばん　いい　ものを　一つ　えらんでください。

1
2
3
4

正解　2

コピーはもう終わった。残ったコピーは会議のあとで部長に渡す。お茶は、今ではなく、出席する人が来てからいれる。➡「依頼する」p.57「ている／おく／ある」p.65

The copies are already finished. The remaining copies are to be handed to the department manager after the meeting. Tea will be served after attendees have arrived, rather than now. ➡「依頼する」p.57「ている／おく／ある」p.65

材料已经复印完了，剩余的复印材料会议结束之后交给部长。茶水不是现在倒，而是客人来了之后倒。➡「依頼する」p.57「ている／おく／ある」p.65

Phô-tô đã làm xong rồi. Phần bản sao còn dư sẽ đưa Trưởng phòng sau cuộc họp. Còn trà thì không phải bây giờ mà đợi những người dự họp đến rồi mới pha. ➡「依頼する」p.57「ている／おく／ある」p.65

スクリプト

会社で男の人と女の人が話しています。女の人はこのあとまず何をしますか。

男：山田さん、お願いしたコピー、もうできましたか。

女：はい、終わりました。

男：じゃあ、会議室の机の上に並べておいてください。一人急に出られなくなったから、出席する人は6人です。

女：はい、わかりました。残ったコピーはどうしますか。

男：会議のあとで部長に渡しておいてください。それから、出席する人が来たら、お茶をいれてください。

女：はい、わかりました。

女の人はこのあとまず何をしますか。

練習

■課題理解　🔊A 02

　このもんだいでは、まず　しつもんを　聞いて　ください。それから　話を　聞いて、もんだいようしの　1から4の　中から、いちばん　いい　ものを　一つ　えらんで　ください。

1ばん　🔊A 03

1

2

3

4

2ばん　🔊A 04

1　かいだん　　　　2　エスカレーター

3　エレベーター　　4　エレベーターと　エスカレーター

3ばん　🔊A 05

1　8時20分　　2　8時50分

3　9時10分　　4　9時20分

2 回目	発話表現 はつわひょうげん	練習 れんしゅう	発話表現・課題理解 はつわひょうげん かだいりかい

Verbal expressions [Practice] Verbal expressions/Task-based comprehension
语言表达 [练习题] 语言表达/问题理解
Diễn đạt bằng lời nói [Luyện tập] Diễn đạt bằng lời nói/Hiểu yêu cầu câu hỏi

Ⅰ．発話表現の流れ　実際の試験のもんだい３

絵を見る → 状況説明文と質問文を聞く →
選択肢を聞いて、やじるし（➡）の人は
何と言うか答えを選ぶ

（実際の試験の問題用紙には
選択肢は書かれていない）

やじるし（➡）の
人は何と言う？

Look at the picture. → Listen to the question and sentences that explain the situation. → Listen to the choices, and choose the answer of what the person pointed by the arrow (➡) will say. (On the actual test question sheet the choices are not written.)

看图片 → 听对话情景说明和提问句 → 听选项，选择箭头（➡）指向的人如何应答（正式考试的试卷上不会印刷选项）

Xem tranh → Nghe câu giới thiệu tình huống và câu hỏi → Nghe các lựa chọn rồi chọn câu mà người có dấu mũi tên (➡) sẽ nói (Trên đề thi thực tế không in các lựa chọn.)

状況説明文　例	質問文　例
店でお店の人を呼びます。	何と言いますか。
先生の荷物が重そうです。手伝いたいです。	先生に何と言いますか。

この問題でよく出題される表現：「あいさつ」「依頼する」「申し出る」「許可を求める」
「誘う」など。リストを見て復習しておこう。

２．聞き方のポイント

①聞く前に絵を見て、**どんな場
所**か、**二人はどんな関係**（先生
と学生、客とホテルの人など）
か、考えよう。

② **「状況説明」**はとても重要だ
から、注意して聞こう。

③「状況説明」を聞き、**やじる
し（➡）の人は何を言うか**考え
よう。

関係　Relationship ／关系／ quan hệ　　状況説明　Details of situation ／情景说明／ giới thiệu tình huống

3. 例題 🔊 A 06

　このもんだいでは、えを　見ながら　しつもんを　聞いて　ください。

➡（やじるし）の　人は　何と　言いますか。1 から 3 の　中から、いちばん　いい
ものを　一つ　えらんで　ください。

| 1 | 2 | 3 |

正解　3

➡「謝る」p.62
1　足を踏んだ人が相手に「痛いですか」
　と聞くのは適切ではない。
2　「気をつけて」は別れる相手を心配し
　て言うあいさつ。または危ないから注
　意してくださいという意味。➡「あい
　さつ／決まった表現」p.48

➡「謝る」p.62
1 It is not appropriate to ask a person on whose foot you have stepped "痛いですか".
2 "気をつけて" is what you say to a departing person for whom you have some kind of concern. It is also used to warn people of risks. ➡「あいさつ／決まった表現」p.48

➡「谢る」p.62
1 踩了对方脚之后问对方 "痛いですか"，这样说不合适。
2 "気をつけて" 是与对方分别之际体贴对方的话语。或者表示 "危险请当心" 的意思。➡「あいさつ／決まった表現」p.48

➡「謝る」p.62
1 Người giẫm lên chân lại hỏi đối phương: "痛いですか" là không phù hợp.
2 "気をつけて" là câu chào dùng khi mình thấy lo lắng cho đối phương lúc tạm biệt. Hoặc mang ý nghĩa "Hãy chú ý vì nguy hiểm". ➡「あいさつ／決まった表現」p.48

スクリプト

電車の中で、隣の人の足を踏んでしまいました。何と言いますか。

女：1　あ、痛いですか。

　　2　あ、気をつけて。

　　3　あ、すみません。

練習

■発話表現　◀A 07

このもんだいでは、えを　見ながら　しつもんを　聞いて　ください。

➡（やじるし）の　人は　何と　言いますか。1から3の　中から、いちばん　いい
ものを　一つ　えらんで　ください。

1ばん　◀A 08　　1　　2　　3

2ばん　◀A 09　　1　　2　　3

3ばん　◀A 10　　1　　2　　3

4ばん　◀A 11　　1　　2　　3

■**課題理解** _{かだいりかい} 🔊A 12

　このもんだいでは、まず　しつもんを　聞_きいて　ください。それから　話_{はなし}を　聞_きいて、もんだいようしの　1から4の　中_{なか}から、いちばん　いい　ものを　一_{ひと}つ　えらんで　ください。

5ばん 🔊A 13

1

2

3

4

6ばん 🔊A 14

1　月曜日_{げつようび}の　午前中_{ごぜんちゅう}
2　月曜日_{げつようび}の　夕方_{ゆうがた}
3　木曜日_{もくようび}の　午前中_{ごぜんちゅう}
4　木曜日_{もくようび}の　夕方_{ゆうがた}

練習 課題理解・発話表現

3回目

Practice Task-based comprehension/Verbal expressions
练习题 问题理解／语言表达
Luyện tập Hiểu yêu cầu câu hỏi/Diễn đạt bằng lời nói

■ 課題理解　🔊 A 15

　このもんだいでは、まず　しつもんを　聞いて　ください。それから　話を　聞いて、もんだいようしの　1から4の　中から、いちばん　いい　ものを　一つ　えらんで　ください。

1ばん　🔊 A 16

1　

2　

3　

4　

2ばん　🔊 A 17

1　

2　

3　

4　

3ばん 🔊A 18

1 作文の 紙を 出す　　　　2 作文を メールで 送る

3 なおした 作文の 紙を とる　4 スピーチの れんしゅうを 始める

■発話表現 🔊A 19

このもんだいでは、えを 見ながら しつもんを 聞いて ください。

➡ （やじるし）の 人は 何と 言いますか。1から3の 中から、いちばん いい ものを 一つ えらんで ください。

4ばん 🔊A 20　　1　2　3

5ばん 🔊A 21　　1　2　3

6ばん 🔊A 22　　1　2　3

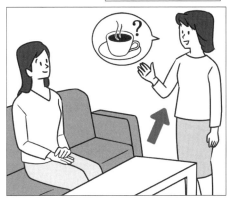

7ばん 🔊A 23　　1　2　3

4回目 ポイント理解 　練習 ポイント理解

Comprehension of key points　Practice Comprehension of key points
重点理解　练习题 重点理解
Hiểu điểm chính　Luyện tập Hiểu điểm chính

1. ポイント理解の流れ　　実際の試験のもんだい2

状況説明文と質問文を聞く →

問題用紙にある選択肢を読む → 話を聞く →

もう一度質問文を聞く → 選択肢から答えを選ぶ

質問のことばに注目！

Listen to the question and the sentences that explain the situation. →
Read the choices on the question sheet. → Listen to the conversation. →
Listen to the question again. → Choose the answer from the choices.

听对话情景说明和提问句 → 阅读试卷上的选项 → 听对话 → 再听一遍提问句 → 从选项中选出正确答案

Nghe câu giới thiệu tình huống và câu hỏi → Đọc các lựa chọn in trên đề → Nghe cuộc nói chuyện → Nghe lại câu hỏi → Chọn câu trả lời từ các lựa chọn.

状況説明文　例	質問文　例
男の人と女の人が話しています。	男の人はどうしてパーティーへ行きませんか。
会社で男の人と女の人が話しています。	女の人は、何の写真を撮りましたか。
スーパーで店の人が話しています。	牛乳は、一本いくらですか。
女の人と男の人が話しています。	だれが今大阪に住んでいますか。

2. 聞き方のポイント

①「何、どこ、どうして」などの質問のことばが大切。気をつけて聞こう。

②落ちついて、問題用紙の選択肢を読もう。時間はたくさんあるよ。

③選択肢に書いてあることばに注意して問題を聞こう。

落ちついて　Composedly ／沉着，不慌张／ bình tĩnh　　問題用紙　Question sheet ／试卷／ đề bài

3. 例題 🔊 A 24

　このもんだいでは、まず　しつもんを　聞いて　ください。そのあと、もんだいようしを　見て　ください。読む　時間が　あります。それから　話を　聞いて、もんだいようしの　1から4の　中から、いちばん　いい　ものを　一つ　えらんで　ください。

1　花の　写真を　とりたいから
2　200円で　1年中　こうえんに　入れるから
3　毎日　さんぽしたいから
4　こうえんの　中を　通れば、駅まで　10分だから

正解　4

1　花の写真を撮るのは女の人。
2　200円で1年中公園に入れるカードを　買うことはできない。
3　男の人は「散歩する時間があったら、早く帰りたい」と言ったので、散歩を　したいと思っていない。

1　It is the woman who is taking the photographs of the flowers.
2　It is not possible to purchase a park entry card for the whole year for ¥200.
3　Because the man said "散歩する時間があったら、早く帰りたい (if there were time for walking, I would want to go home early)", he is not inclined to stroll.

1　给花拍照的是女子。
2　花200日元买不了全年都能进公园的卡。
3　男子说"散歩をする時間があったら、早く帰りたい (要是有散步的时间的话，我想早回家)"所以他不想散步。

1　Người chụp ảnh hoa là người nữ.
2　Chỉ 200 yên thì không mua được thẻ vào công viên cả năm.
3　Người nam đã nói "散歩をする時間があったら、早く帰りたい (Nếu có thời gian để đi dạo thì chẳng thà tôi về sớm còn hơn)" nên anh ta không muốn đi dạo.

スクリプト

男の人と女の人が話しています。男の人は、どうしてカードを買うことにしましたか。

男：あ、この写真の赤い花、きれいだね。

女：きれいでしょう。メロン公園の中で撮ったんだ。会社から家に帰る途中に、毎日行くから、いろいろな花の写真が撮れるんだ。

男：毎日？ メロン公園は、入るのに200円かかるでしょう？ 毎日行ったら大変だよ。

女：それが、2,000円で1年中入れるカードを買ったんだ。田中さんもどう？

男：いや、ぼくは……。散歩する時間があったら、早く帰りたいよ。

女：会社から駅まで20分かかるけど、メロン公園の中を通れば、駅まで10分だよ。

男：えっ。そんなに近いの？ じゃあ、ぼくも、そのカード買うよ。

男の人は、どうしてカードを買うことにしましたか。

練習

■ポイント理解 （りかい） 🔊A 25

　このもんだいでは、まず　しつもんを　聞いて　ください。そのあと、もんだいようし を　見て　ください。読む　時間が　あります。それから　話を　聞いて、もんだいよう しの　1から4の　中から、いちばん　いい　ものを　一つ　えらんで　ください。

1ばん　🔊A 26

1　98円　　2　110円

3　220円　　4　198円

2ばん　🔊A 27

1　きれいな　けしきの　写真

2　おもしろい　ばしょの　写真

3　おいしい　食べ物の　写真

4　のった　電車の　写真

3ばん　🔊A 28

1　前から　2ばん目の　右がわの　いすの　上

2　前から　2ばん目の　右がわの　いすの　下

3　前から　3ばん目の　右がわの　いすの　上

4　前から　3ばん目の　右がわの　いすの　下

Practice Comprehension of key points/Verbal expressions
练习题 重点理解／语言表达
Luyện tập Hiểu điểm chính/Diễn đạt bằng lời nói

■ポイント理解　🔊A 29

　このもんだいでは、まず　しつもんを　聞いて　ください。そのあと、もんだいようし
を　見て　ください。読む　時間が　あります。それから　話を　聞いて、もんだいよう
しの　1から4の　中から、いちばん　いい　ものを　一つ　えらんで　ください。

1ばん　🔊A 30

1　けしきが　いいこと

2　べんりな　こと

3　へやが　広いこと

4　駅から　近いこと

2ばん　🔊A 31

1　花　　　　　　2　おかし

3　花の　本　　　4　おかしの　本

3ばん　🔊A 32

1　学校の　もんの　前　　2　じむしつ

3　図書館　　　　　　　　4　きっさてん

■発話表現　A 33

このもんだいでは、えを　見ながら　しつもんを　聞いて　ください。

➡（やじるし）の　人は　何と　言いますか。1から3の　中から、いちばん　いい
ものを　一つ　えらんで　ください。

4 ばん　A 34　　1　　2　　3

5 ばん　A 35　　1　　2　　3

6 ばん　A 36　　1　　2　　3

7 ばん　A 37　　1　　2　　3

6 回目 即時応答 　練習 即時応答・ポイント理解

Quick response 　Practice Quick response/Comprehension of key points
即时应答 　练习题 即时应答／重点理解
Đối đáp tức thời 　Luyện tập Đối đáp tức thời/Hiểu điểm chính

---

1. 即時応答の流れ　　実際の試験のもんだい4

短い文を聞く → 三つの選択肢を聞く →

答えを選ぶ

（実際の試験の問題用紙には
何も書かれていない）

いい返事を考えよう！

Listen to the short sentence. → Listen to the 3 choices. → Choose the answer. (There is nothing written on the actual test question sheet.)

听短句 → 听三个选项 → 选择答案（正式考试的试卷上没有任何信息）

Nghe một câu ngắn → Nghe 3 lựa chọn → Chọn câu trả lời (Trên đề thi thực tế không in gì.)

短い文　例
これ、使ってもいいですか。
日曜日、映画を見に行きませんか。
お先に失礼します。

2. 聞き方のポイント

①短い文は「あいさつ」や「質問」や「誘い」などだよ。その返事を考えよう。

②間接的な言い方に気をつけよう。
例　A：日本語の本を貸してくれませんか。
　　B：今、使っているんです。
Bは「いいよ」や「ちょっと……」を言わないで、ダメな理由だけ言うことがあるよ。

③話をしている二人の関係に注意しよう。
例　学生が先生に話している。
　　お父さんが子どもに話している。

④「あいさつ」など決まった言い方を覚えよう。

返事　Reply ／应答／ câu đáp lại　　　間接的な言い方　Indirect way of saying ／婉转的说法／ cách nói gián tiếp

決まった言い方　A set phrase ／固定说法／ cách nói cố định

3．例題 🔊A 38

　このもんだいでは、えなどが　ありません。まず　ぶんを　聞いて　ください。それから、そのへんじを　聞いて、1から3の　中から、いちばん　いい　ものを　一つ　えらんで　ください。

| 1 | 2 | 3 |

正解　3

1　「帰りますか」はこれから先のことを
　　聞いている。「帰りました」はもう終
　　わったこと。

2　文末のイントネーションが下がる
　　「～でしょう」は推量を表す表現。自
　　分の行動には使えない。➡「イント
　　ネーション」p.53

l　"帰りますか" is a question about a future action. "帰りました" refers to a completed action.
2　"～でしょう" with a falling intonation is an ending that expresses estimation. It cannot be used in reference to your own actions. ➡「イントネーション」p.53

l　"帰りますか"是就即将发生的事提问。"帰りました"是已经结束的事情。
2　句尾语调下降的"～でしょう"表示推测，不能用于自己的行为。➡「イントネーション」p.53

l　"帰りますか" là đang hỏi chuyện trong tương lai. "帰りました" là chuyện đã làm xong rồi.
2　"～でしょう" xuống giọng ở cuối câu là mẫu câu thể hiện sự suy đoán. Không dùng cho hành động của bản thân được. ➡「イントネーション」p.53

スクリプト

女：夏休みに国へ帰りますか。

男：1 はい、帰りました。

2 はい、帰るでしょう。

3 はい、帰ります。

れんしゅう
練習

そくじおうとう
■即時応答　🔊A 39

　このもんだいでは、えなどが ありません。まず ぶんを 聞いて ください。それから、そのへんじを 聞いて、1から3の 中から、いちばん いい ものを 一つ えらんで ください。

1ばん　🔊A 40

1	2	3

2ばん　🔊A 41

1	2	3

3ばん　🔊A 42

1	2	3

4ばん　🔊A 43

1	2	3

■ポイント理解　🔊A 44

　このもんだいでは、まず　しつもんを　聞いて　ください。そのあと、もんだいようし
を　見て　ください。読む　時間が　あります。それから　話を　聞いて、もんだいよう
しの　1から4の　中から、いちばん　いい　ものを　一つ　えらんで　ください。

5ばん　🔊A 45

1　あしたの　12時　　　2　あしたの　3時

3　あさっての　12時　　4　あさっての　3時

6ばん　🔊A 46

1　男の人と　昼ごはんを　食べる

2　ねこを　病院へ　連れて　行く

3　家で　テレビを　見る

4　テレビかいぎの　テストを　する

7 回目

れんしゅう
練習 課題理解・即時応答

Practice Task-based comprehension/Quick response
练习题 问题理解／即时应答
Luyện tập Hiểu yêu cầu câu hỏi/Đối đáp tức thời

■ **課題理解** 🔊A 47

　このもんだいでは、まず　しつもんを　聞いて　ください。それから　話を　聞いて、もんだいようしの　1から4の　中から、いちばん　いい　ものを　一つ　えらんで　ください。

1ばん 🔊A 48

1 　　2

3 　　4

2ばん 🔊A 49

1　7まい　　　2　8まい

3　9まい　　　4　10まい

3ばん A 50

1

2

3

4

■即時応答 A 51
そくじおうとう

　このもんだいでは、えなどが　ありません。まず　ぶんを　聞いて　ください。それから、そのへんじを　聞いて、1から3の　中から、いちばん　いい　ものを　一つ　えらんで　ください。

4ばん A 52

| 1 | 2 | 3 |

5ばん A 53

| 1 | 2 | 3 |

6ばん A 54

| 1 | 2 | 3 |

7ばん A 55

| 1 | 2 | 3 |

8回目 練習(れんしゅう) 課題理解(かだいりかい)・即時応答(そくじおうとう)

Practice Task-based comprehension/Quick response
练习题 问题理解／即时应答
Luyện tập Hiểu yêu cầu câu hỏi/Đối đáp tức thời

■ 課題理解(かだいりかい) 🔊 A 56

　このもんだいでは、まず　しつもんを　聞(き)いて　ください。それから　話(はなし)を　聞(き)いて、もんだいようしの　1から4の　中(なか)から、いちばん　いい　ものを　一(ひと)つ　えらんで　ください。

1ばん 🔊 A 57

1　大学(だいがく)の　スポーツクラブに　入(はい)る

2　アルバイトを　始(はじ)める

3　パーティーに　さんかする

4　インターネットで　さがす

2ばん 🔊 A 58

1　レストランを　よやくする　　　2　料理(りょうり)を　たのむ

3　プレゼントを　買(か)う　　　　4　カラオケの　店(みせ)を　よやくする

3ばん 🔊 A 59

1 　　　2

3 　　　4

■即時応答　🔊A 60

　このもんだいでは、えなどが　ありません。まず　ぶんを　聞いて　ください。それから、そのへんじを　聞いて、1から3の　中から、いちばん　いい　ものを　一つ　えらんで　ください。

4ばん　🔊A 61

1	2	3

5ばん　🔊A 62

1	2	3

6ばん　🔊A 63

1	2	3

7ばん　🔊A 64

1	2	3

Practice Comprehension of key points/Verbal expressions/Quick response
练习题 重点理解／语言表达／即时应答
Luyện tập Hiểu điểm chính/Diễn đạt bằng lời nói/Đối đáp tức thời

■ **ポイント<ruby>理解<rt>り かい</rt></ruby>** 🔊 A 65

　このもんだいでは、まず　しつもんを　<ruby>聞<rt>き</rt></ruby>いて　ください。そのあと、もんだいようしを　<ruby>見<rt>み</rt></ruby>て　ください。<ruby>読<rt>よ</rt></ruby>む　<ruby>時間<rt>じ かん</rt></ruby>が　あります。それから　<ruby>話<rt>はなし</rt></ruby>を　<ruby>聞<rt>き</rt></ruby>いて、もんだいようしの　1から4の　<ruby>中<rt>なか</rt></ruby>から、いちばん　いい　ものを　<ruby>一<rt>ひと</rt></ruby>つ　えらんで　ください。

1ばん 🔊 A 66

1　アメリカの　<ruby>車<rt>くるま</rt></ruby>の　37%が　<ruby>日本<rt>に ほん</rt></ruby>の　<ruby>車<rt>くるま</rt></ruby>だから

2　アメリカの　<ruby>車<rt>くるま</rt></ruby>より　<ruby>高<rt>たか</rt></ruby>くないから

3　よく　こわれるが　すぐ　なおるから

4　こしょうが　<ruby>少<rt>すく</rt></ruby>ないから

2ばん 🔊 A 67

1　おふろに　<ruby>入<rt>はい</rt></ruby>って　いた

2　テレビを　<ruby>見<rt>み</rt></ruby>て　いた

3　<ruby>料理<rt>りょう り</rt></ruby>を　<ruby>作<rt>つく</rt></ruby>って　いた

4　<ruby>電車<rt>でんしゃ</rt></ruby>に　のって　いた

3ばん 🔊 A 68

1　<ruby>本屋<rt>ほん や</rt></ruby>

2　デパート

3　<ruby>電気屋<rt>でん き や</rt></ruby>

4　<ruby>新聞社<rt>しんぶんしゃ</rt></ruby>

■発話表現 <small>はつ わ ひょうげん</small> 🔊A 69

このもんだいでは、えを 見<small>み</small>ながら しつもんを 聞<small>き</small>いて ください。

➡ （やじるし）の 人<small>ひと</small>は 何<small>なん</small>と 言<small>い</small>いますか。１から３の 中<small>なか</small>から、いちばん いい ものを 一<small>ひと</small>つ えらんで ください。

4 ばん 🔊A 70 　| 1 　2 　3 |

5 ばん 🔊A 71 　| 1 　2 　3 |

■即時応答 <small>そく じ おうとう</small> 🔊A 72

このもんだいでは、えなどが ありません。まず ぶんを 聞<small>き</small>いて ください。それから、そのへんじを 聞<small>き</small>いて、１から３の 中<small>なか</small>から、いちばん いい ものを 一<small>ひと</small>つ えらんで ください。

6 ばん 🔊A 73

| 1 　2 　3 |

7 ばん 🔊A 74

| 1 　2 　3 |

10回目 練習 ポイント理解・発話表現・即時応答

Practice Comprehension of key points/Verbal expressions/Quick response
练习题 重点理解／语言表达／即时应答
Luyện tập Hiểu điểm chính/Diễn đạt bằng lời nói/Đối đáp tức thời

■ポイント理解　🔊B 01

　このもんだいでは、まず　しつもんを　聞いて　ください。そのあと、もんだいようし
を　見て　ください。読む　時間が　あります。それから　話を　聞いて、もんだいよう
しの　1から4の　中から、いちばん　いい　ものを　一つ　えらんで　ください。

1ばん　🔊B 02

1　写真を　とること　　　2　車を　うんてんすること

3　テニスを　すること　　4　おいしい　店を　さがすこと

2ばん　🔊B 03

1　ジュースや　コーヒーの　かんが　おちて　いること

2　ゴミが　くさや　木の　えだの　間に　あること

3　建物の　中に　タバコの　ゴミが　あること

4　道に　タバコの　ゴミが　おちて　いること

3ばん　🔊B 04

1　火曜日と　金曜日　　　2　火曜日と　水曜日

3　火曜日　　　　　　　　4　金曜日

■発話表現　🔊B 05

このもんだいでは、えを　見ながら　しつもんを　聞いて　ください。

➡（やじるし）の　人は　何と　言いますか。1から3の　中から、いちばん　いい
ものを　一つ　えらんで　ください。

4ばん　🔊B 06　｜ 1　2　3 ｜

5ばん　🔊B 07　｜ 1　2　3 ｜

■即時応答　🔊B 08

このもんだいでは、えなどが　ありません。まず　ぶんを　聞いて　ください。それか
ら、そのへんじを　聞いて、1から3の　中から、いちばん　いい　ものを　一つ　えら
んで　ください。

6ばん　🔊B 09

｜ 1　2　3 ｜

7ばん　🔊B 10

｜ 1　2　3 ｜

11
回目

総合練習
そうごうれんしゅう

Comprehensive practice
综合练习
Luyện tập tổng hợp

■ 課題理解　🔊 B 11
かだいりかい

　このもんだいでは、まず　しつもんを　聞いて　ください。それから　話を　聞いて、
　　　　　　　　　　　　　　　　　　き　　　　　　　　　　　　　はなし　き
もんだいようしの　１から４の　中から、いちばん　いい　ものを　一つ　えらんで
　　　　　　　　　　　　　　　なか　　　　　　　　　　　　　　　　　ひと
ください。

Ｉばん　🔊 B 12

1
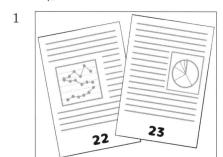

2
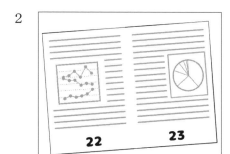

3
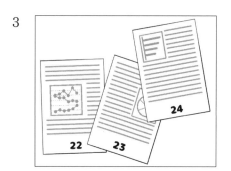

4
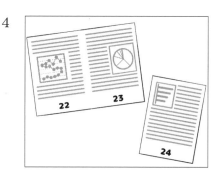

2ばん 🔊 B 13

ア

イ

ウ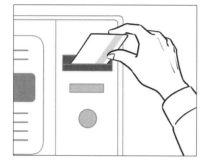

エ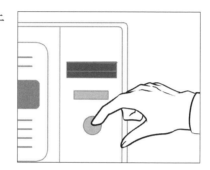

1　ウ → ア → エ　　2　ウ → イ → エ

3　エ → ア → ウ　　4　エ → イ → ウ

■ポイント理解　🔊 B 14

　このもんだいでは、まず　しつもんを　聞いて　ください。そのあと、もんだいようし を　見て　ください。読む　時間が　あります。それから　話を　聞いて、もんだいよう しの　1から4の　中から、いちばん　いい　ものを　一つ　えらんで　ください。

3ばん 🔊 B 15

1　仕事が　終わったから　　2　ねこが　待って　いるから

3　ねこが　病気だから　　　4　かのじょと　ねこが　待って　いるから

■ 発話表現　🔊 B 16

このもんだいでは、えを　見ながら　しつもんを　聞いて　ください。

➡ （やじるし）の　人は　何と　言いますか。1から3の　中から、いちばん　いい
ものを　一つ　えらんで　ください。

4 ばん　🔊 B 17　| 1 | 2 | 3 |

5 ばん　🔊 B 18　| 1 | 2 | 3 |

■ 即時応答　🔊 B 19

このもんだいでは、えなどが　ありません。まず　ぶんを　聞いて　ください。それか
ら、そのへんじを　聞いて、1から3の　中から、いちばん　いい　ものを　一つ　えら
んで　ください。

6 ばん　🔊 B 20

| 1 | 2 | 3 |

7 ばん　🔊 B 21

| 1 | 2 | 3 |

12 回目 総合練習

Comprehensive practice
综合练习
Luyện tập tổng hợp

■ 課題理解　 B 22

このもんだいでは、まず　しつもんを　聞いて　ください。それから　話を　聞いて、もんだいようしの　1から4の　中から、いちばん　いい　ものを　一つ　えらんでください。

I ばん　 B 23

1

2

3

4

■ポイント理解　🔊B 24

このもんだいでは、まず　しつもんを　聞いて　ください。そのあと、もんだいようし
を　見て　ください。読む　時間が　あります。それから　話を　聞いて、もんだいよう
しの　1から4の　中から、いちばん　いい　ものを　一つ　えらんで　ください。

2ばん　🔊B 25

1　そばが　なくなるかもしれないから　　2　ランチの　時間が　2時半まで　だから

3　そばを　とどけて　もらうから　　　　4　二人で　行くから

3ばん　🔊B 26

1　リズさんが　本を　先に　読むこと
2　図書館で　本が　借りられないこと
3　男の人が　本を　貸して　くれないこと
4　朝　起きられなくて　会社に　ちこくすること

■発話表現　🔊B 27

このもんだいでは、えを　見ながら　しつもんを　聞いて　ください。

➡（やじるし）の　人は　何と　言いますか。1から3の　中から、いちばん　いい
ものを　一つ　えらんで　ください。

4ばん　🔊B 28　　| 1　2　3 |

5ばん　🔊B 29　　| 1　2　3 |

34

■**即時応答** 🔊 B 30

　このもんだいでは、えなどが　ありません。まず　ぶんを　聞いて　ください。それから、そのへんじを　聞いて、1から3の　中から、いちばん　いい　ものを　一つ　えらんで　ください。

6ばん 🔊 B 31

1	2	3

7ばん 🔊 B 32

1	2	3

模擬試験
もぎしけん

Mock Test
模拟题
Bài thi thử

もんだい１ 🔊 B 33

　もんだい１では、まず　しつもんを　聞_きいて　ください。それから　話_{はなし}を　聞_きいて、もんだいようしの　１から４の　中_{なか}から、いちばん　いい　ものを　一_{ひと}つ　えらんで　ください。

１ばん 🔊 B 34

1

2

3

4

２ばん 🔊 B 35

1

2

3

4

3ばん B 36

1

2

3

4

4ばん B 37

ア

イ

ウ
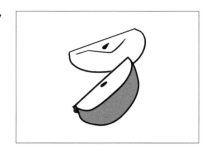

エ
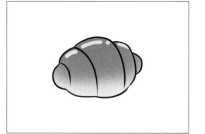

1　ア　イ　　　　2　ア　ウ
3　ア　イ　エ　　4　ア　ウ　エ

5ばん 🔊 B 38

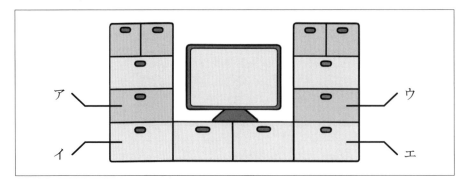

1 ア　　2 イ

3 ウ　　4 エ

6ばん 🔊 B 39

1 木曜日の　12時　　　　2 木曜日の　1時

3 金曜日の　9時30分　　4 金曜日の　10時

7ばん 🔊 B 40

1 会社の　せつめいを　する　　2 工場を　あんないする

3 大学生の　しつもんに　答える　4 仕事を　教える

8ばん 🔊 B 41

1

2

3

4

もんだい2 🔊 B 42

もんだい2では、まず しつもんを 聞いて ください。そのあと、もんだいようしを 見て ください。読む 時間が あります。それから 話を 聞いて、もんだいようしの 1から4の 中から、いちばん いい ものを 一つ えらんで ください。

1ばん 🔊 B 43

1 きょうとは きれいな 町だと 思ったから
2 きょうとの ぶんかに きょうみが あったから
3 きょうとの 大学にしか うからなかったから
4 食べ物も おいしいし、けしきも きれいだから

2ばん 🔊 B 44

1 ホテルに プールが あるから
2 近くに おんせんが あるから
3 近くに どうぶつえんが あるから
4 海の 近くだから

3ばん 🔊 B 45

1 台風で ケーキ工場が こわれたから
2 台風で さとうが 使えなく なったから
3 台風で さとうが 作れなく なったから
4 ケーキ工場が 休みに なったから

4ばん 🔊 B 46

1 男の人　　2 女の人の 弟さん
3 女の人　　4 女の人の お姉さん

5ばん 🔊 B47

1 話も 歌も よかった
2 話が おもしろかったので よかった
3 歌が 少なかったので、あまり よくなかった
4 歌が 長すぎて、あまり よくなかった

6ばん 🔊 B48

1 人が けがを した
2 車の 上に 木が たおれた
3 きんじょの 人が てつだわなかった
4 にわの 木が たおれた

7ばん 🔊 B49

1 金曜日の 夕方 → 土曜日の 夜
2 金曜日の 夕方 → 土曜日の 夕方
3 金曜日の 夜 → 土曜日の 夜
4 金曜日の 夜 → 土曜日の 夕方

もんだい3　🔊B 50

　もんだい3では、えを　見ながら　しつもんを　聞いて　ください。

➡（やじるし）の　人は　何と　言いますか。1から3の　中から、いちばん　いい
ものを　一つ　えらんで　ください。

1ばん　🔊B 51

| 1 | 2 | 3 |

2ばん　🔊B 52

| 1 | 2 | 3 |

3 ばん 🔊 B 53

1	2	3

4 ばん 🔊 B 54

1	2	3

5ばん 🔊 B 55

1	2	3

試験模擬

45

もんだい 4 🔊 B 56

　もんだい 4 では、えなどが　ありません。まず　ぶんを　聞いて　ください。それから、そのへんじを　聞いて、1 から 3 の　中から、いちばん　いい　ものを　一つ　えらんでください。

1ばん 🔊 B 57	1	2	3

2ばん 🔊 B 58	1	2	3

3ばん 🔊 B 59	1	2	3

4ばん 🔊 B 60	1	2	3

5ばん 🔊 B 61	1	2	3

6ばん 🔊 B 62	1	2	3

7ばん 🔊 B 63	1	2	3

8ばん 🔊 B 64	1	2	3

リストパート

List part
知识点列表篇
Phần danh mục

Ⅰ. あいさつ／決まった表現

Greetings/Set phrases　打招呼语／固定说法　Chào hỏi / Mẫu diễn đạt cố định

例　A：お先に失礼します。

　　B：お疲れ様でした。

A	B
［人に会ったとき］ お元気ですか	はい、おかげさまで
［自分が先に帰るとき］ お先に（失礼します）	お疲れ様（でした）
［病気やけがをした人と別れるとき］ お大事に	ありがとうございます
［別れるときに相手を心配して］ 気をつけて	はい
（コーヒーでも）いかがですか	いただきます／いえ、けっこうです。
（もう少し）いかがですか	ありがとうございます もうけっこうです／いえ、けっこうです
［ご飯を食べるとき］ いただきます	
［ご飯を食べ終わったとき／だれかにごちそうしてもらったとき］ ごちそうさまでした	

[だれかの部屋に入るとき／出るとき]

失礼します

[だれかが入ってくるとき]

どうぞ

[だれかの家に入るとき]

おじゃまします

どうぞ

[だれかの家や部屋を出るとき]

おじゃましました

いいえ

[長い間会わなかった人に会ったとき]

久しぶり

お久しぶりです

久しぶり

お久しぶりです

[自分はあとでいいから、どうぞ先にしてくださいと言いたいとき] どうぞお先に／お先にどうぞ 	どうも ありがとうございます
[人を待たせたとき] 遅れてごめん 遅くなってすみません お待たせしました	だいじょうぶ いいえ
[お世話になった人と別れるとき] いろいろお世話になりました	お元気で

２．話しことば　Colloquial language　口语　Văn nói

（１）友達や、自分より下の人と話すときには、普通体を使う

The plain style is used when you are talking to friends and to those of lower status than yourself.

朋友之间或者和比自己身份低的人说话时使用普通体。

Dùng thể thông thường khi nói chuyện với bạn bè hoặc người dưới mình.

例　リン：これから、どこか行く？（＝行きますか）

　　えみ：公園に行こう。（＝行きましょう）

例　リン：昨日、どこか行った？（＝行きましたか）

　　えみ：ううん、どこにも行かなかった。（＝行きませんでした）

（２）助詞が省略されることがある

Sometimes, particles are omitted.　有时会省略助词。　Có trường hợp trợ từ được lược bỏ.

例　おなか、すいた。（＝おなかがすきました）

　　昨日、公園でお弁当、食べた。（＝昨日、公園でお弁当を食べました）

（３）はい　・　いいえ　→　うん　・　ううん／いや

例　はい、そうです　　→　うん、そう。

　　いいえ、違います。→　ううん、違う。

　　　　　　　　　　　　　いや、違う。

（４）呼びかけ、思い出したこと、考えていることなどを表す表現

Ways of attracting attention, or expressing recollection or reflection

表示打招呼、想起了某事或者正在思考等的表达方式

Mẫu diễn đạt biểu thị tiếng kêu / gọi, vừa nhớ ra, đang suy nghĩ

例　あの（う）、このバスはどこへ行きますか。

　　　呼びかけ　Attracting attention　打招呼　Tiếng kêu / gọi

例　Ａ：この近くにコンビニがありますか。

　　Ｂ：えーと、あ、あのビルのなかにありますよ。

　　　考えている　　　　　　　思い出した

　　Reflecting　正在思考　Đang suy nghĩ　　　Recollection　想起了某事　Vừa nhớ ra

例 A：これ、おいしいね。

　　B：うーん、そう？

　　　考えている／ちょっと困っている

　　　　Reflecting / Having reservations　正在思考／有点儿为难　Đang suy nghĩ / Hơi bối rối

例 A：よう子さんは、明日来ますか？

　　B：さあ、来るかどうかわかりません。

　　　よくわからない気持　Expression of uncertainty　不是很清楚这种心情　Cảm giác không biết rõ

例 いい天気ですよ。さあ、早く出かけましょう。

　　「～ましょう／（よ）う」と一緒に使って、聞き手を誘ったり促したりする。

　　　Used with "～ましょう／（よ）う", to invite or prompt the listener to do something

　　　和"～ましょう／（よ）う"一起使用，邀请或者催促对方。

　　　Dùng kèm với "～ましょう／（よ）う" để mời gọi, thúc giục đối phương.

例 あ、月がきれい！　見て。

　　気がついた　Something is noticed.　发现　Vừa nhận ra

　　あれ？　あそこにいる人、リンさんじゃありませんか？

　　驚き　Exclamation of surprise　意外　Sự ngạc nhiên

（5）こ・そ・あ・ど

　＊こちら・そちら・あちら・どちら

　　　→　こっち・そっち・あっち・どっち

　＊このような・そのような・あのような・どのような

　　　→　こんな・そんな・あんな・どんな

3. イントネーション　Intonation　语调　Ngữ điệu

声の上げ下げ、長さなどによって、質問、誘いなどの気持ちを表す。

You can introduce a questioning or inviting tone into your voice by raising lowering or drawing out the tone.

通过语调的上扬或者下降、拉长或者缩短、来表达提问、邀请等。

Biểu thị những cảm xúc như nghi vấn, rủ rê bằng sự lên xuống hay kéo dài trong giọng nói.

文の最後が上がるかどうかに気をつけよう！

（1）質問　Question　提问　Nghi vấn　　★文の終わりが上がる
　　　答え　Answer　回答　Trả lời　　★文の終わりが上がらない

① 🔊 B 65

A：行きますか。

B：はい、行きます。

② 🔊 B 66

A：行く？

B：うん。行く。

③ 🔊 B 67

A：行きたい？

B：うん、行きたい。

④ 🔊 B 68

A：このおかし、おいしい？

B：うん、おいしい。

（2）誘う　Invite　邀请　Rủ rê　　〜ない？／〜ませんか？　★文の終わりが上がる

⑤ 🔊 B 69

A：映画を見に行きませんか。　　B：ええ、行きましょう。

⑥ 🔊 B 70

A：宿題、一緒にやらない？　　B：うん、いいよ。

（3）頼む　Ask (a favor, for help)　请求　Nhờ vả

〜てくれない？／〜てくれる？　★文の終わりが上がる

⑦ 🔊 B 71

A：引っ越し、手伝ってくれない？　　B：うん、いいよ。

⑧ 🔊 B 72

A：これ、みんなに説明<small>せつめい</small>してくれる？　B：はい、わかりました。

（4）いいよ／いいですよ

a．いいよ／いいですよ。　★文<small>ぶん</small>の終<small>お</small>わりが下<small>さ</small>がる

断<small>ことわ</small>り。しなくてもいい。　Refusal. Do not have to do.　拒绝。不需要做。　Lời từ chối. Không cần làm.

⑨ 🔊 B 73
A：荷物<small>にもつ</small>、持<small>も</small>とうか。
B：いいよ。大丈夫<small>だいじょうぶ</small>。

b．いいよ／いいですよ。　★「よ」の音<small>おと</small>が少<small>すこ</small>し上<small>あ</small>がる

了承<small>りょうしょう</small>。　Acceptance.　同意。　Đồng ý.

⑩ 🔊 B 74
A：荷物<small>にもつ</small>、持<small>も</small>ってくれる？
B：いいよ。

（5）いいね／いいですね

a．いいね／いいですね。

いいと思<small>おも</small>う。　Think it is good.　认为很好。　Thấy hay, tốt, đẹp.

⑪ 🔊 B 75
このマンガ、いいね。とってもおもしろいよ。

b．いいね？／いいですね？　★文<small>ぶん</small>の終<small>お</small>わりが上<small>あ</small>がる

確認<small>かくにん</small>のための質問<small>しつもん</small>。　A question to confirm something.　为了核实某事而向对方提问。　Câu hỏi để xác nhận lại.

⑫ 🔊 B 76
A：この紙<small>かみ</small>、捨<small>す</small>てるよ。いいね？
B：あ、それ、捨<small>す</small>てないで。大事<small>だいじ</small>なんだ。

（6）ちょっと

a．ちょっと

少し。　A little.　少许。　Một chút.

⑬　🔊B 77

ちょっと、いいですか。（少しの時間）

b．ちょっと……　★「と」の音が長い

言いにくいことをはっきり言わない。

Speak ambiguously.　难以启齿的内容不会明确说出。　Không nói rõ ra điều khó nói.

⑭　🔊B 78

A：この色は、どうでしょうか。

B：あ、この色は、ちょっと……。（好きじゃない）

（7）〜でしょう

a．〜でしょう

たぶん。推量。（フォーマルな話し方）

Probably. A guess. (A formal way of speaking)　也许。表示推测。（正式的说法）　Có lẽ. Sự suy đoán. (cách nói trang trọng)

⑮　🔊B 79　あしたは雨が降るでしょう。

b．〜でしょう？

私はそう思うけど、あなたもそう思う？　確認のための質問。（カジュアルな話し方）

I think so, but do you also think so? Questioning to confirm something. (Casual speaking style)

我认为是这样的，你同意吗？　为了核实某事而向对方提问。（非正式的说法）

Tôi nghĩ như thế, bạn cũng nghĩ vậy chứ? Câu hỏi để xác nhận. (cách nói thân mật)

⑯　🔊B 80　A：宿題、あしたまででしょう？

　　　　　　B：そうだよ。

4. 順番   Order 先后顺序 Trình tự

まず／はじめに

次に／それから／そのあと（で）／〜てから／〜たあとで／〜たら／〜る前に

最後に／ぜんぶ終わったら

*〜前に　（名詞＋の／V辞書形＋前に）

　B　前に　A　てください　＝　A　てから　B　てください

例　食事の前に手を洗ってください。＝手を洗ってから食事をしてください。

　　食べる前に手を洗ってください。＝手を洗ってから食べてください。

注意

〜はいい　＝　〜はしなくてもいい

例　コピーはいいよ。あとで、私がやっておくから。

56

5. 依頼する　Making a request　请求　Nhờ và

例　A：ちょっと手伝ってくれませんか。

　　B：いいですよ。／今、ちょっと……。

A　依頼する Making a request　请求　Nhờ và	B　引き受ける／断る Accepting/rejecting　接受/拒绝　Chấp nhận / Từ chối
〜て。 〜てくれない？／くれる？ 〜てもらえない？／もらえる？ 〜てもらってもいい？ 〜てください。 〜てもらってもいいですか。 〜てくれませんか。／ますか。 〜てもらえませんか。／ますか。 〜てくださいませんか。／ますか。	いいよ。 かまわないよ。 いいですよ。 かまいませんよ。 --- ちょっと……。 すみません、ちょっと……。 今、〜ているんです。 　　例　今、使っているんです。

注意　借りる・貸す

＊借りるとき

貸してください。（貸してくれない？／貸してくれる？／
貸してもらえる？／貸してくれませんか。／
貸してもらえませんか。／貸してくださいませんか。など）
借りてもいいですか。（借りてもいい？）

＊貸すとき

貸しましょうか。（貸そうか。）

6．やり方を聞く　Ask for instructions (for doing something)　询问如何做　Hỏi cách làm

例　A：ゴミはどこに捨てればいいですか。

　　B：あの黒い袋に捨ててください。

A　やり方を聞く	B　教える
Ask for instructions (for doing something)　询问如何做　Hỏi cách làm	Give instructions　告诉如何做　Chỉ dẫn
どう { すれば / したら } { いい？ / いいですか。 / いいか教えてください。 } 例　この機械を使いたいんですが、 　　どうすればいいですか。	〜ばいいよ。 〜たらいいよ。 〜ばいいですよ。 〜たらいいですよ。 〜てください。
{ どこに / いつ / 何を / だれに / どう } { 〜ば / 〜たら } { いい？ / いいですか。 / いいか教えてください。 } 例　だれに聞けばいいですか。 どうやって { 〜ますか。 / 〜んですか。 } 例　どうやって作りますか。	さあ、（ちょっと）わかりません。

58

7. 許可を求める　　Asking permission　征求许可　Hỏi xin phép

例　A：これ、使ってもいいですか。

　　B：いいですよ。／すみません、ちょっと……。

A　許可を求める Asking permission　征求许可　Hỏi xin phép	B　許可する／断る Giving permission/rejecting　许可／拒绝　Cho phép / Từ chối
～てもいい？ ～てもいいですか。 ～てもよろしいでしょうか。 ～することができますか。	いいよ。 いいですよ。 ええ、どうぞ。
	いや、ちょっと……。 すみません、ちょっと……。 すみません、～ないでください。 それは困ります。～ないでください。

8. 申し出る　　Offering　提议　Đề nghị

例　A：手伝いましょうか。

　　B：ありがとうございます。／いえ、いいです。

A　申し出る Offering　提议　Đề nghị	B　受ける／断る Accepting/rejecting　接受／拒绝　Tiếp nhận / Từ chối
～（よ）うか。 ～ましょうか。	ありがとうございます。 すみません。 あ、お願いします。
	ううん、いいよ。 いえ、いいです。 いえ、だいじょうぶです。

9. 誘う　Inviting　邀请　Rủ rê

例　A：一緒に昼ご飯を食べ<u>ませんか</u>。

　　B：ええ、いいですね。／あ、すみません。ちょっと……。

A　誘う Inviting　邀请　Rủ rê	B　受ける／断る Accepting/rejecting　接受／拒绝　Chấp nhận / Từ chối
（一緒に）〜（し）ない？ （一緒に）〜（しよ）う（よ）。 （ひまなら）一緒に〜する？ （もしよかったら一緒に）〜ませんか。 （一緒に）〜ましょう。	うん、いいね。〜（しよ）う。 ええ、いいですね。〜ましょう。 ええ、ぜひ。 はい、ありがとうございます。 ‥‥‥‥‥‥‥‥‥‥‥‥‥‥‥‥‥‥‥ ごめん、（今）ちょっと……。 わるい、（今）だめなんだ。 すみません。ちょっと……。 すみません。〜ので、また今度お願いします。

10. 必要（ひつよう）／不必要（ふひつよう）　Needed/not needed　必须做／不做也可以　Cần thiết / Không cần thiết

例（れい）　A：名前（なまえ）を書（か）かなければなりませんか。

　　　B：ええ、書（か）いてください。／いいえ、書（か）かなくてもいいです。

A	B
～なければなりませんか。 ～なくてはいけませんか。 ～（する）必要（ひつよう）がありますか。	うん、～なければならない（よ）。 うん、～なくてはいけない（よ）。 はい、～なければなりません。 はい、～なくてはいけません。 はい、～（する）必要（ひつよう）があります。
	ううん、～なくてもいい（よ）。 いいえ、～なくてもいいです。 いいえ、～（する）必要（ひつよう）はありません。
～なくてもいいですか。	うん、～なくてもいい（よ）。 はい、～なくてもいいです。 はい、～（する）必要（ひつよう）はありません。
	ううん、～なければならない（よ）。 ううん、～なくてはいけない（よ）。 いいえ、～なければなりません。 いいえ、～なくてはいけません。 いいえ、～（する）必要（ひつよう）があります。

リスト

10　9

必要／不必要　誘（さそ）う

61

11. アドバイス　　Advice　建议　Lời khuyên bảo

（1）助言　　Recommending　强烈建议　Lời khuyên

例　病院に行ったほうがいいですよ。

　　それは言わないほうがいいですよ。

　　　～たほうがいいよ。

　　　～たほうがいいと思います。

　　- - - - - - - - - - - - - - - - - - - -

　　　～ないほうがいいよ。

　　　～ないほうがいいと思います。

（2）提案　　Suggestions　提出建议　Đề xuất

例　先生に相談したら？

　　　～たら？

　　　～たらどう？

　　　～たらいいと思います。

　　　～たらどうですか。

12. 謝る　　Apologizing　道歉　Xin lỗi

例　A：遅れてすみません。

　　B：いいえ、だいじょうぶです。

A　謝る Apologizing　道歉　Xin lỗi	B　受け入れる Accepting　接受道歉　Tiếp nhận
わるい。 （～て、）ごめん（ね）。 （～て、）ごめんなさい。 （～て、）すみません（でした）。 （どうも）すみません（でした）。	ううん。／いいえ。 いいよ。／いいですよ。 だいじょうぶ（です）。

13. ほめる　Praising　表扬　Khen ngợi

ほめられた場合、否定をして謙遜することが多い。相手が友達の場合は肯定したりお礼を言ったりすることもある。

When you receive praise, you often refuse compliments and act modestly, but if the other person is a friend offering the praise, you can also accept it and give thanks.

被别人表扬时，大多可以做出否定的回答表示谦虚，但如果对方是朋友的话，可以接受对方的表扬或者表示感谢。

Khi được khen, nhiều trường hợp sẽ phủ định để tỏ ý khiêm tốn. Nếu người khen là bạn bè thì cũng có thể khẳng định và nói lời cảm ơn.

例　A：Bさんの日本語、すごくきれいですね。

　　B：そんなことないですよ。

例　A：B君、そのかばん、いいね。

　　B：ありがとう。使いやすくて、すごくいいよ。

A　ほめる Praising　表扬　Khen ngợi	B　こたえる Replying　回答　Đáp lại
[スピーチ] 　よかったよ。／よかったですよ。 　すばらしかったです。 　とてもよくわかりました。	いえいえ、そんな……。 いいえ、そんなことないです。 いえ、ぜんぜん。 いいえ、まだまだです。
[日本語] 　うまいね。 　お上手ですね。 [発音] 　きれいですね。 [ネックレス] 　いいね／いいですね。 　すてきですね。 　かわいいね／かわいいですね。	ほんと？　ありがとう。 ありがとうございます。

14. 命令する／禁止する　Commanding/Prohibiting　发出命令／禁止　Ra lệnh/Cấm đoán

例　8時までに来い。（命令）
　　遅刻するな。　　　（禁止）

＊命令

（1）V（命令形）

手を上げろ。（Ⅱグループ）　金を出せ。（Ⅰグループ）
早くしろ。（Ⅲグループ）　　こっちへ持ってこい。（Ⅲグループ）

（2）Vますなさい

早くおふろに入りなさい。（Ⅰグループ）　早く寝なさい。（Ⅱグループ）
宿題をしなさい。（Ⅲグループ）　　　　　こっちへ来なさい。（Ⅲグループ）

＊禁止

（1）V辞書形＋な

そこに入るな。　それは食べるな。　けんかするな。　こっちへ来るな。

（2）Vない＋でください／Vない＋で

ここに車を止めないでください。　写真を撮らないで。

〈そのほかの言い方〉

～はだめだ／だめです。	タバコはだめだ。
～てはだめだ／だめです。	ここに自転車を置いてはだめだ。
～はやめろ／やめてください。	けんかはやめろ。
～はできない／できません。	駐車はできません。
～てはいけない／いけません。	授業中、寝てはいけない。

15. ている／おく／ある

（1）自動詞＋ています：今の状態の説明

intransitive verb ＋ "ています": Explaining the current situation

自动词＋ "ています": 描述现在的状态

Tự động từ ＋ "ています": mô tả hiện trạng

例　あ、お金が落ちています。（〜が　落ちる）

> 電気がついています。（〜が　つく）
>
> さいふにお金が入っています。（〜が　入る）
>
> ガラスが割れています。（〜が　割れる）
>
> 宿題が半分残っています。（〜が　残る）
>
> 窓が開いています。（〜が　開く）
>
> 店が閉まっています。（〜が　閉まる）

（2）他動詞＋ておきます：準備のための行動、または、放置

transitive verb ＋ "ておきます": Actions for preparing, or leaving something as it is.

他动词＋ "ておきます": 为了提前准备而做，或者搁置不处理

Tha động từ ＋ "ておきます": hành động nhằm chuẩn bị, hoặc sự để nguyên hiện trạng

例　A：会議の資料、3時までにコピーしておいてください。［準備］（〜を　コピーする）

　　B：わかりました。やっておきます。［準備］（〜を　やる）

例　A：片づけましょうか。

　　B：いえ、そのままにしておいてください。［放置］（〜を　そのままにする）

> お皿を並べておきます。（〜を　並べる）
>
> エアコンをつけておきます。（〜を　つける）
>
> ジュースを買っておきます。（〜を　買う）

（3）他動詞＋てあります：準備したあとの状態の説明

transitive verb ＋ "てあります": Explaining a situation in which preparation has been done.

他动词＋ "てあります"：描述准备好之后的状态

Tha động từ ＋ "てあります": mô tả tình trạng sau khi đã chuẩn bị

例　A：もうコピーしましたか。

　　B：はい、<u>してあります</u>。（～を　する）

テーブルに食器が並べてあります。（～を　並べる）

電気がつけてあります。（～を　つける）

冷蔵庫にビールが入れてあります。（～を　入れる）

かべに絵が飾ってあります。（～を　飾る）

ノートに名前が書いてあります。（～を　書く）

引き出しにハサミがしまってあります。（～を　しまう）

---

16. 引用（いんよう） Quoting　转述别人话语　Trích dẫn

だれかが言（い）ったことをほかの人（ひと）に伝（つた）える表現（ひょうげん）

Ways of telling someone what another person said.

向别人转述某人说过的话语的说法

Mẫu diễn đạt để truyền đạt lại cho người khác lời ai đó đã nói

例（れい）　父（ちち）の話（はなし）では、母（はは）は元気（げんき）になった<u>そうです</u>。

（１）〜と言（い）いました／言（い）っていました

　　　例（れい）　先生（せんせい）がこの文（ぶん）を覚（おぼ）えなさい<u>と言（い）いました</u>。

（２）〜（普通形（ふつうけい)）そうです

　　　例（れい）　山田（やまだ）さんは、遅（おく）れる<u>そうです</u>。

（３）〜らしいです

　　　例（れい）　駅前（えきまえ）に新（あたら）しいレストランができる<u>らしいですよ</u>。

17. 前置（まえお）き Introductory remarks　对话的开场白　Mở lời

話（はなし）が始（はじ）まる前（まえ）に使（つか）われる表現（ひょうげん）

Ways of starting a conversation about something you want to talk about.

在进入正式话题之前说的话语

Mẫu diễn đạt được dùng trước khi bắt đầu câu chuyện

例（れい）　A：すみません。<u>ちょっといいですか</u>。

　　　　B：はい、何（なん）でしょうか。

ちょっといい？

ちょっと話（はな）したいことがあるんだけど。

ちょっと相談（そうだん）したいことがあるんですが、今（いま）いいですか。

すみません。ちょっとよろしいでしょうか。

---

18. 意見を変える　Changing your mind　改变主意　Thay đổi ý kiến

例　コーヒーとケーキ、お願いします。あ、<u>やっぱり</u>、紅茶にします。紅茶とケーキ、く

ださい。

（1）やっぱり（やはり）

　　例　A：この資料、10枚コピーしてくださいませんか。

　　　　B：はい。

　　　　A：あ、<u>やっぱり</u>、11枚お願いします。中田課長も出席するそうです。

（2）〜じゃなくて

　　例　A：水曜でいいですか。

　　　　B：はい。あ、水曜<u>じゃなくて</u>、木曜でもいいですか。

＊「やっぱり（やはり）」は、「思ったとおり、前に決めたとおり、みんなが知っているよ

　うに」という意味であるが、会話の中では、上のように意見を変えるときにもよく使わ

　れる。

The meaning of "やっぱり（やはり）" is "as I thought," "just as previously decided," "just as everybody knows," but in conversation it is also often used to signal a change of opinion, as shown above, where it means something like "after all."

"やっぱり（やはり）"意思是"正如自己所想的，正如事先决定的，正如大家都知道的"，但在对话中也经常用于诸如上文的改变主意的场合。

"やっぱり（やはり）" có nghĩa là "như đã nghĩ, như đã quyết định lúc trước, như mọi người đều biết" nhưng trong hội thoại cũng thường được sử dụng khi thay đổi ý kiến giống ở trên.

19. 家族関係を表す語

Terms for expressing family relationships　表示家庭人际关系的词语　Từ thể hiện mối quan hệ gia đình

自分の家族の言い方と、ほかの人の家族の言い方は違う。

There is a difference between the way you address members of your family and those of other people's families.

自己家人的称呼方式和别人家人的称呼方式不同。

Cách nói chỉ thành viên gia đình mình và thành viên gia đình người khác là khác nhau.

例　A：高橋さん、その時計、いいですね。

　　B：あ、これ、祖父の物だったんですが、父が祖父からもらって、それをまた、ぼく

　　　　がもらったんです。

　　A：ああ、おじいさんの物だったんですね。

自分の家族 Your own family 称呼自己家人 Gia đình mình	ほかの人の家族 Somebody else's family 称呼别人家人 Gia đình người khác	自分の家族 Your own family 称呼自己家人 Gia đình mình	ほかの人の家族 Somebody else's family 称呼别人家人 Gia đình người khác
祖父	おじいさん	祖母	おばあさん
父	お父さん	母	お母さん
兄	お兄さん	姉	お姉さん
弟	弟さん	妹	妹さん
夫	ご主人	妻	奥さん
両親（父と母）	ご両親		

リスト

19 18

意見を変える　家族関係を表す語

69

20. 助数詞 Counter words 数量词 Trợ từ đếm

ものによって、数え方が違う。

Counter words vary depending on the category of item they refer to.

不同类别的东西使用不同的数量词。

Trợ từ đếm thay đổi tùy vào loại đồ vật.

例 この紙は、一人、2枚ずつとってください。

	物	人	長い物	うすい物
1	ひとつ	ひとり	いっぽん	いちまい
2	ふたつ	ふたり	にほん	にまい
3	みっつ	さんにん	さんぼん	さんまい
4	よっつ	よにん	よんほん	よんまい
5	いつつ	ごにん	ごほん	ごまい
6	むっつ	ろくにん	ろっぽん	ろくまい
7	ななつ	しちにん／ななにん	ななほん	ななまい
8	やっつ	はちにん	はっぽん	はちまい
9	ここのつ	きゅうにん	きゅうほん	きゅうまい
10	とお	じゅうにん	じゅっぽん	じゅうまい
?	いくつ	なんにん	なんぼん	なんまい

	本な✦ど	動物・魚・虫	階	回数
1	いっさつ	いっぴき	いっかい	いっかい
2	にさつ	にひき	にかい	にかい
3	さんさつ	さんびき	さんがい	さんかい
4	よんさつ	よんひき	よんかい	よんかい
5	ごさつ	ごひき	ごかい	ごかい
6	ろくさつ	ろっぴき	ろっかい	ろっかい
7	ななさつ	ななひき	ななかい	ななかい
8	はっさつ	はっぴき	はっかい	はっかい
9	きゅうさつ	きゅうひき	きゅうかい	きゅうかい
10	じゅっさつ	じゅっぴき	じゅっかい	じゅっかい
?	なんさつ	なんびき	なんがい	なんかい

リスト

20

助数詞

	時間 （じかん）	時間の長さ （じかん の なが さ）
1	いちじ	いちじかん
2	にじ	にじかん
3	さんじ	さんじかん
4	よじ	よじかん
5	ごじ	ごじかん
6	ろくじ	ろくじかん
7	しちじ	しちじかん
8	はちじ	はちじかん
9	くじ	くじかん
10	じゅうじ	じゅうじかん
11	じゅういちじ	じゅういちじかん
12	じゅうにじ	じゅうにじかん
？	なんじ	なんじかん

各回のイラスト

1回目　さっぽろ雪まつり　（北海道）

2回目　ばんえい競馬　（北海道）

3回目　牧場　（北海道）

4回目　りんご　（青森県）

5回目　青森ねぶた祭　（青森県）

6回目　わんこそば　（岩手県）

7回目　きりたんぽ　（秋田県）

8回目　なまはげ　（秋田県）

9回目　伊達政宗　（宮城県）

10回目　仙台七夕まつり　（宮城県）

11回目　将棋の駒　（山形県）

12回目　赤べこ　（福島県）

著者

田代 ひとみ（たしろ　ひとみ）
　　明治大学　兼任講師、相模女子大学　非常勤講師

初鹿野 阿れ（はじかの　あれ）
　　帝京大学　外国語学部国際日本学科　教授

大木 理恵（おおき　りえ）
　　東京外国語大学、帝京大学　非常勤講師、明治大学　兼任講師

中村 則子（なかむら　のりこ）

翻訳

英語　Ian Channing
中国語　鄭文全
ベトナム語　Lê Trần Thư Trúc

イラスト
広野りお

装丁・本文デザイン
梅津由子

JLPT 聴解 N4 ポイント&プラクティス

2021 年 4 月 9 日　初版第 1 刷発行
2024 年 10 月 21 日　第 3 刷 発 行

著　者　　田代ひとみ　初鹿野阿れ　大木理恵　中村則子
発行者　　藤嵜政子
発　行　　株式会社スリーエーネットワーク
　　　　　〒102-0083　東京都千代田区麹町 3 丁目 4 番
　　　　　　　　　　　トラスティ麹町ビル 2 F
　　　　　電話　営業　03（5275）2722
　　　　　　　　編集　03（5275）2725
　　　　　https://www.3anet.co.jp/
印　刷　　萩原印刷株式会社

ISBN978-4-88319-874-0　C0081

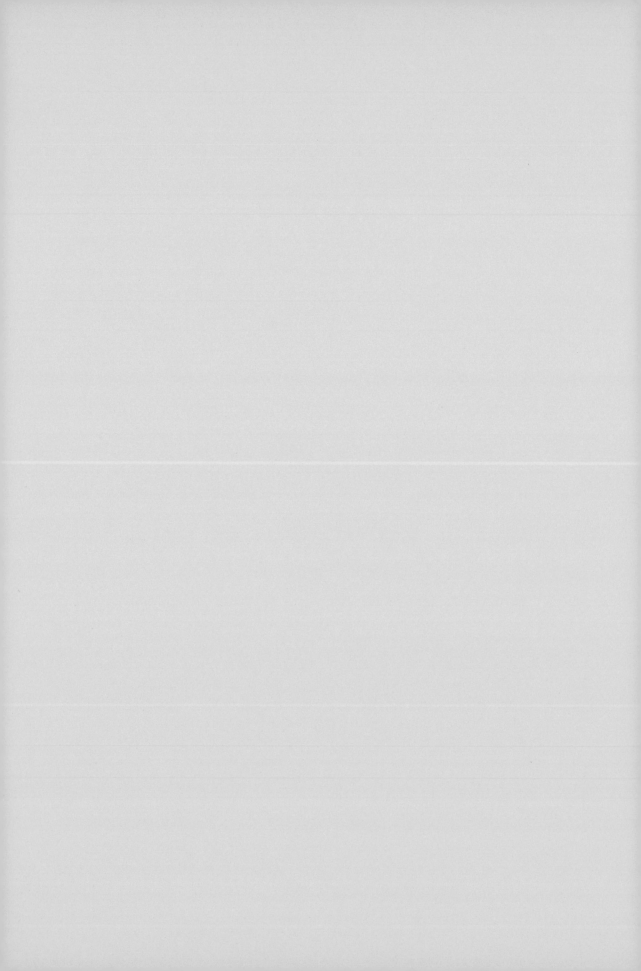

日本語能力試験対策問題集

JLPT
聴解
N4
ポイント
＆
プラクティス

別冊
べっさつ

スクリプトと解答・解説
かいとう　かいせつ

Scripts, answers, and explanations
听力原文和答案・解析
Văn bản nghe và đáp án, giải thích đáp án

スリーエーネットワーク

1ばん　正解　3　　　　　　　　　　　　　　　　　　　　　　　　　p.5

スクリプト　🔊A 03

きっさてん
喫茶店で女の人と店員が話しています。店員は何を持ってきますか。

女：すみません。えーと、コーヒーとケーキ、お願いします。コーヒーは、冷たいのをお
　　願いします。

男：はい。

女：ケーキは何がありますか。

男：今日は、こちらのケーキがあります。

女：いろいろあるわね。じゃあ、チョコレートケーキにしようかな。

男：はい、チョコレートケーキですね。

女：あ、ごめんなさい。やっぱりいちごのケーキにします。

男：はい、わかりました。すぐに持ってきます。

てんいん なに も
店員は何を持ってきますか。

解説

女の人ははじめチョコレートケーキと言ったが、
「やっぱり」と言って、いちごのケーキに変えた。
コーヒーは冷たいのを頼んだ。➡「意見を変える」
p.68

The woman initially said chocolate cake but then said "やっぱり", and changed her choice to strawberry cake. She asked for iced coffee. ➡「意見を変える」p.68

女子开始说要巧克力蛋糕，但是后来改变了主意说"やっぱり"，要了草莓蛋糕。咖啡要了冰咖啡。➡「意見を変える」p.68

Lúc đầu người nữ gọi bánh sô-cô-la nhưng rồi nói "やっぱり" và đổi thành bánh dâu. Cà-phê thì gọi loại lạnh. ➡「意見を変える」 p.68

2ばん　正解　3　　　　　　　　　　　　　　　　　　　　　　　　　p.5

スクリプト　🔊A 04

えき いりぐち おんな ひと おとこ ひと はな おんな ひと なに つか えき はい
駅の入口で女の人と男の人が話しています。女の人は何を使って駅に入りますか。

女：あれ、ここの入口、使えないんですか。

男：今、直しているところなんです。あの左の階段を上って入ってください。

女：そうですか。エスカレーターはありますか。今、足をけがしているので、階段は大変なんです。

男：うーん、エスカレーターはないですね。もう少し先へ進むとエレベーターがありますが。

女：わかりました。それなら大丈夫だと思います。

女の人は何を使って駅に入りますか。

解説

女の人は足をけがしているので階段は使えない。

エスカレーターはない。

Having hurt her foot, the woman cannot use the staircase. There is no escalator.

女子腿受伤了，所以不能走楼梯。没有扶梯。

Người nữ đang bị thương ở chân nên không đi thang bộ được. Không có thang cuốn.

3ばん　　正解　2　　　　　　　　　　　　　　　p.5

スクリプト　🔊A 05

学校で先生が話しています。学生はあした学校に何時までに来なければなりませんか。

男：あしたは工場の見学に行きます。学校の前でバスに乗りますが、皆さん、遅れないでくださいね。集まる時間がいつもと違うので注意してください。いつもは9時10分から授業が始まりますが、あしたは8時50分に集まってください。時間が20分早くなるんですよ。間違えないでくださいね。それから、朝は電車がときどき遅れますから、早く家を出るようにしてください。

学生はあした学校に何時までに来なければなりませんか。

解説

「あしたは8時50分に集まってください」と言っている。9時10分はいつもの授業が始まる時間。

He is saying "あしたは8時50分に集まってください (gather tomorrow at 8:50 please)"; 9:10 is the time when tuition usually commences.

男说"あしたは8時50分に集まってください（明天请在8点50分集合）"。9点10分是平时开始上课的时间。

Giáo viên nói: "あしたは8時50分に集まってください (Ngày mai hãy tập trung lúc 8 giờ 50 phút)". 9 giờ 10 phút là giờ bắt đầu tiết học thông thường.

1ばん　正解　3　　　　　　　　　　　　　　　　　　　　p.8

スクリプト　🔊A 08

仕事が終わりました。これから帰ります。まだ働いている人に何と言いますか。

男：1　また会いましょう。

　　2　どうぞお先に。

　　3　お先に。

解説

「お先に失礼します」を短くした言い方。➡「あいさつ／決まった表現」p.48

1　「また会いましょう」は友達や知り合いと別れるときのあいさつで、会社の人には使わない。

2　「どうぞお先に」は自分はあとでいいから、どうぞ先にしてくださいと言うときの表現。

A short way of saying "お先に失礼します". ➡「あいさつ／決まった表現」p.48

1　"また会いましょう" is a formula used on parting from friends or acquaintances. It is not used between work colleagues.

2　"どうぞお先に" means "you go first" or "you first" (and I will come after).

"お先に"是"お先に失礼します"的缩略说法。➡「あいさつ／決まった表現」p.48

1　"また会いましょう"是和朋友、熟人分别时说的话，不用于公司的同事之间。

2　"どうぞお先に"是告知对方可以先做某事，自己可以之后再做。

Cách nói rút gọn của "お先に失礼します". ➡「あいさつ／決まった表現」p.48

1　"また会いましょう" là lời chào khi tạm biệt bạn bè hay người quen, không dùng với người trong công ty.

2　"どうぞお先に" là mẫu câu để nói xin mời đối phương làm trước vì mình làm sau cũng được.

2ばん　正解　2　　　　　　　　　　　　　　　　　　　　p.8

スクリプト　🔊A 09

友達の家に行きました。これから帰ります。何と言いますか。

男：1　お大事に。

　　2　おじゃましました。

　　3　気をつけて。

解説

➡「あいさつ／決まった表現」p.48

1　「お大事に」は病気やけがをした人と別れるときに言う。

➡「あいさつ／決まった表現」p.48

1　"お大事に" is used when parting from somebody who has suffered illness or injury.

3　"気をつけて" is used when parting from somebody for whom you have concerns.

3 「気^きをつけて」は別^{わか}れるときに相手^{あいて}を心配^{しんぱい}して言^いう表現^{ひょうげん}。

3 「気<ruby>き</ruby>をつけて」は別<ruby>わか</ruby>れるときに相手<ruby>あいて</ruby>を心配<ruby>しんぱい</ruby>して言<ruby>い</ruby>う表現<ruby>ひょうげん</ruby>。

➡「あいさつ／決まった表現」p.48
1 "お大事に"是和生病或者受伤的人分别时说的话。
3 "気をつけて"是与对方分别之际体贴对方的话语。

➡「あいさつ／決まった表現」p.48
1 "お大事に" nói khi tạm biệt người đang bệnh hoặc bị thương.
3 "気をつけて" là cách nói thể hiện ý lo lắng cho đối phương lúc tạm biệt.

3ばん　正解<ruby>せいかい</ruby>　2　　　　　　　　　　p.8

スクリプト　🔊A10

東京駅<ruby>とうきょうえき</ruby>へ行<ruby>い</ruby>きたいです。切符<ruby>きっぷ</ruby>の値段<ruby>ねだん</ruby>がわかりません。何<ruby>なん</ruby>と言<ruby>い</ruby>いますか。

女<ruby>おんな</ruby>：1　東京駅<ruby>とうきょうえき</ruby>でどのぐらい払<ruby>はら</ruby>いますか。

　　　2　東京駅<ruby>とうきょうえき</ruby>までいくらかかりますか。

　　　3　東京駅<ruby>とうきょうえき</ruby>から何分<ruby>なんぷん</ruby>かかりますか。

解説<ruby>かいせつ</ruby>

1　東京駅<ruby>とうきょうえき</ruby>でいくら払<ruby>はら</ruby>うか聞<ruby>き</ruby>いている。東京駅<ruby>とうきょうえき</ruby>は目的地<ruby>もくてきち</ruby>なので不適切<ruby>ふてきせつ</ruby>。

3　「何分<ruby>なんぷん</ruby>かかりますか」は時間<ruby>じかん</ruby>を聞<ruby>き</ruby>いている。

1 The woman is finding out how much she needs to pay at Tokyo Station. This is inappropriate because Tokyo is the destination.
3 "何分かかりますか" is used when asking how long it will take.

1 问的是在东京站付多少钱。东京站是目的地，因此此说法不合题意。
3 "何分かかりますか"是就时间提问。

1 Đang hỏi xem sẽ trả bao nhiêu tiền ở ga Tokyo. Ga Tokyo là điểm đến nên hỏi vậy là không đúng.
3 "何分かかりますか" là để hỏi về khoảng thời gian.

4ばん　正解<ruby>せいかい</ruby>　2　　　　　　　　　　p.8

スクリプト　🔊A11

靴屋<ruby>くつや</ruby>で靴<ruby>くつ</ruby>を買<ruby>か</ruby>います。靴<ruby>くつ</ruby>の大<ruby>おお</ruby>きさが合<ruby>あ</ruby>うかどうか、知<ruby>し</ruby>りたいです。何<ruby>なん</ruby>と言<ruby>い</ruby>いますか。

女<ruby>おんな</ruby>：1　この靴<ruby>くつ</ruby>、はいてくださいませんか。

　　　2　この靴<ruby>くつ</ruby>、はいてみてもいいですか。

　　　3　この靴<ruby>くつ</ruby>、はいたらどうですか。

解説<ruby>かいせつ</ruby>

試<ruby>ため</ruby>すという意味<ruby>いみ</ruby>の「てみる」に「てもいいですか」がついた形<ruby>かたち</ruby>。➡「許可<ruby>きょか</ruby>を求<ruby>もと</ruby>める」p.59

1　「てくださいませんか」は相手<ruby>あいて</ruby>にお願<ruby>ねが</ruby>いをするときに使<ruby>つか</ruby>う。➡「依頼<ruby>いらい</ruby>する」p.57

The form "てみる", meaning to try (doing something) combined with "てもいいですか". ➡「許可を求める」p.59
1 "てくださいませんか" is an expression used for making a request of somebody. ➡「依頼する」p.57
3 A way of urging somebody to put shoes on. ➡「アドバイス」p.62

表示"尝试"意思的"てみる"和"てもいいですか"搭配在一起的形式。➡「許可を求める」p.59
1 "てくださいませんか"是向对方提出请求时的说法。➡「依頼する」p.57

3 靴をはくことを勧める表現。➡「アドバイス」p.62

3 是劝诱对方穿鞋时的说法。➡「アドバイス」p.62

Là thể "てもいいですか" của "てみる" mang nghĩa làm thử.
➡「許可を求める」p.59
1 "てくださいませんか" dùng khi nhờ vả đối phương. ➡「依頼する」p.57
3 Là cách nói khi đề xuất việc mang giày. ➡「アドバイス」p.62

5ばん　　正解　3　　　　　　　　　　　　　　　　　p.9

スクリプト　🔊 A 13

電話で男の人と女の人が話しています。女の人は何を買って帰りますか。

男：もしもし。

女：あ、私。今から帰るけど、何か買っていこうか。

男：えーと……、じゃ、パンを買ってきてくれる？

女：うん。卵はある？

男：うん。あ、あと、果物。

女：バナナでいいよね？

男：えー、りんごがいいな。

女：えー、りんご？

男：わかったよ。じゃあそれでいいよ。

女：わかった。じゃあ買っていくね。

女の人は何を買って帰りますか。

解説

卵はあるので、買わない。男の人はりんごがいいと言ったが、女の人は「りんご？」と言って男の人の意見に賛成していない。男の人は「じゃあそれでいいよ」と言って、女の人の意見に賛成した。「それ」はバナナを指す。➡「依頼する」p.57「申し出る」p.59

They have eggs, so there is no need to buy any. The man wanted apples, but the woman disagreed, saying "りんご？". The man then said "じゃあそれでいいよ (alright, (your choice) will do)" and approved of her choice. "それ" refers to bananas. ➡「依頼する」p.57「申し出る」p.59

有鸡蛋所以不买。男子虽然说了要买苹果，但是女子说"りんご？"表示不同意。男子说"じゃあそれでいいよ（那么，那个也行啊）"，对女子的观点表示赞同。"それ"是指香蕉。➡「依頼する」p.57「申し出る」p.59

Trứng có rồi nên không mua. Người nam nói thích táo nhưng người nữ nói: "りんご？" tỏ ý không đồng tình với ý kiến của người nam. Người nam nói: "じゃあそれでいいよ (Thôi cái đó cũng được)" và đồng ý với người nữ. "それ" để chỉ chuối.
➡「依頼する」p.57「申し出る」p.59

6ばん　<ruby>正解<rt>せいかい</rt></ruby>　1　　　　　　　　　　　　　p.9

スクリプト　🔊A 14

クリーニング屋で男の人と店の人が話しています。男の人はいつ青いシャツを取りにきますか。

男：すみません。このシャツ、お願いします。

女：はい、シャツ4枚ですね。

男：いつできますか。

女：えーと、今日は金曜日ですから、来週の木曜の4時すぎになります。

男：あのう、この青いシャツ1枚だけ早くできませんか。

女：うーん、じゃ、これだけ、月曜の夕方でしたら。

男：あー、月曜にこれを着たいんです。

女：そうですか。日曜は、うち、お休みなんですよ。うーん、月曜の11時でもいいですか。

男：はい、午後から出かけるので、大丈夫です。じゃ、よろしくお願いします。

男の人はいつ青いシャツを取りにきますか。

解説

店の人ははじめ木曜日の夕方と言ったが、男の人が「1枚だけ早くできませんか」と言ったので、月曜日の夕方ならできると言った。しかし、男の人が月曜日の午後に着たいと言ったので、月曜日の午前中にもらえることになった。

The clerk initially said Thursday evening, but because the man said "1枚だけ早くできませんか (can you clean one item for me earlier?)", she said she could manage one by Monday evening. However, because the man said he needed it to wear on Monday afternoon, he arranged for it to be picked up on Monday morning.

洗衣店的人最初说周四傍晚，男子说"1枚だけ早くできませんか（只有一件能不能早点儿取）"，所以洗衣店的人说可以周一傍晚取。但是男子说他周一下午想穿，所以最后是周一上午可以取。

Người của tiệm lúc đầu nói là chiều tối thứ 5 nhưng vì người nam nói: "1枚だけ早くできませんか (Làm trước 1 cái áo có được không?)" nên nói lại là có thể xong vào chiều tối thứ 2. Nhưng người nam lại nói muốn mặc nó vào chiều thứ 2 nên chốt lại là anh ta sẽ nhận áo vào sáng thứ 2.

1 ばん　　正解　4　　　　　　　　　　　　　　　　　　　　p.10

スクリプト　🔊 A 16

子どもとお母さんが話しています。子どもはこのあと何をしますか。

男：お母さん、ぼくもお弁当一緒に作りたい。

女：難しいから、まだ、だめよ。あっちで座って待っていて。

男：えー、やりたい。トマトを切ってもいい？

女：危ない、危ない、さわらないで。トマトは、切らないでここに入れると、きれいでしょう。ね？

男：ぼくが入れたかったー。ぼくも手伝いたい。

女：じゃあ、りんごを洗って。

男：わかった。

女：よく洗ってね。お願いね。

子どもはこのあと何をしますか。

解説

1　母親は最初「待っていて」と言ったが、あとで「りんごを洗って」と言った。➡「依頼する」p.57「命令する／禁止する」p.64

2　トマトは切らなかった。

3　子どもが「ぼくが入れたかった」と言っているので、トマトは母親が入れた。

1　His mother initially said, "待っていて", but later said, "りんごを洗って". ➡「依頼する」p.57「命令する／禁止する」p.64
2　The boy did not cut the tomatoes.
3　The child had said "ぼくが入れたかった" ((but) I wanted to put them in!), making it clear that it was actually the mother who put the tomatoes in the lunch-box.

1　母亲最开始说 "待っていて"，后来说了 "りんごを洗って"。➡「依頼する」p.57「命令する／禁止する」p.64
2　西红柿没有切。
3　孩子说 "ぼくが入れたかった（我原本想放的）"，所以是母亲放的。

1　Người mẹ lúc đầu nói: "待っていて" nhưng sau đó đã nói: "りんごを洗って". ➡「依頼する」p.57「命令する／禁止する」p.64
2　Không cắt cà chua.
3　Người con nói: "ぼくが入れたかった (Con muốn bỏ vô mà)" nên cà chua đã được người mẹ bỏ vô rồi.

2 ばん　　正解　1　　　　　　　　　　　　　　　　　　　　p.10

スクリプト　🔊 A 17

家で女の人と男の人が話しています。女の人は何を買いますか。

女：あしたから仕事で京都に行くんだ。

男：へえ、いいな。何か買ってきてよ。

女：仕事をしに行くのよ。買い物をする時間はないよ。

男：駅でいろいろなものを売っているから、そこで買えると思うよ。

女：そうか。じゃ、何がいいの？ お茶とか？

男：えーと……、お茶の味がするおかしがあるらしいから、それを買ってきて。緑色の
　　クッキーとかケーキとか。あと、京都はお酒も有名だけど……。

女：お酒は重いからいや。あーあ、私は人形が買いたいけど、それは次に行ったときだなあ。

女の人は何を買いますか。

解説

2　女の人は人形は次に行ったときに買いたいと
　　言っている。

3　男の人はお茶ではなくお茶の味がするおかし
　　がほしいと言っている。

4　女の人は、お酒は重いから買いたくないと
　　言っている。

2　The woman says that she wants to buy a doll the next time she goes.
3　The man is saying that he wanted tea-flavored cake, not tea.
4　The woman is saying she does not want to buy any alcohol, because of its weight.

2　女子说她下次去的时候想买玩偶。
3　男子说他想要茶味的点心，而不是茶。
4　女子说酒太重了不想买。

2　Người nữ nói muốn mua búp bê khi đi lần sau.
3　Người nam nói muốn bánh có vị trà chứ không phải trà.
4　Người nữ nói rượu nặng nên không muốn mua.

3ばん　　　正解 1　　　　　　　　　　　　　　　　p.11

スクリプト　🔊A 18

教室で先生が話しています。学生はあした、何をしなければなりませんか。

女：スピーチについて説明します。皆さん、もうスピーチの作文を書いたと思いますが、
　　その作文の文法をチェックしたいと思います。あした、作文の紙を私に出してくださ
　　い。メールで送るのはやめてください。紙で出してください。そしてあさって、皆さ
　　んに作文を返します。あさっての朝、直した作文を教室の前の机に置いておきますの
　　で、取ってください。それを使って、スピーチの練習を始めてください。

学生はあした、何をしなければなりませんか。

「あした、作文の紙を私に出してください」「紙で出してください」と言っている。

2 先生は「メールで送るのはやめてください」と言った。メールで送ってはいけない。

3 直した作文の紙を取るのは、あさっての朝。あしたではない。

4 直した作文をもらってからスピーチの練習を始める。あしたはまだ始めない。

The teacher says, "あした、作文の紙を私に出してください (please give me your essay sheets tomorrow)" and "紙で出してください (and please write them on paper.)."

2 The teacher said "メールで送るのはやめてください (please do not send it by email.)". The essays must not be emailed in.

3 The corrected essay will be picked up on the morning of the day after tomorrow, not tomorrow.

4 After receiving the corrected texts, the speech practice will begin. It does not start tomorrow.

女子说"あした、作文の紙を私に出してください（明天把作文稿纸提交给我）""紙で出してください（请写在稿纸上提交）"。

2 老师说"メールで送るのはやめてください（请不要用发邮件的方式提交作文）"。不可以用邮件提交。

3 取修改过的作文稿纸是后天早上，不是明天。

4 取回了修改过的作文之后才开始练习演讲。明天还开始不了。

Giáo viên đã nói: "あした、作文の紙を私に出してください (Hãy nộp bài tập làm văn cho cô vào ngày mai)", "紙で出してください (Nộp bản giấy nhé)".

2 Giáo viên đã nói: "メールで送るのはやめてください (Đừng gửi qua email)". Không được gửi bài qua email.

3 Thời điểm nhận lại bài làm văn đã sửa là sáng ngày mốt. Không phải ngày mai.

4 Nhận lại bài văn đã sửa rồi mới bắt đầu tập phát biểu. Ngày mai vẫn chưa bắt đầu.

4ばん　　正解　1　　　　　　　　　　　　　　　　　　p.11

スクリプト　A 20

友達がかばんを買った店が知りたいです。何と言いますか。

男：1　どこで買ったんですか。

　　2　いつ買えばいいですか。

　　3　買ったらどうですか。

解説

「どこで買ったんですか」は「どこで買いましたか」より、聞きたい気持ちが強い表現。

2 いつ買ったらいいかアドバイスを求める言い方。➡「やり方を聞く」p.58

3 相手に買うことを勧める言い方。➡「アドバイス」p.62

"どこで買ったんですか" is a more emphatic way of asking "どこで買いましたか".

2 A way of seeking advice as to when to make a purchase. ➡「やり方を聞く」p.58

3 A way of recommending a purchase to somebody. ➡「アドバイス」p.62

"どこで買ったんですか"比"どこで買いましたか"提问的语气更加强烈。

2 是征求建议的说法，什么时候买比较好。➡「やり方を聞く」p.58

3 是劝诱对方购买的说法。➡「アドバイス」p.62

"どこで買ったんですか" là cách diễn đạt mang ý muốn hỏi mạnh hơn "どこで買いましたか".

2 Là cách nói khi cần lời khuyên nên mua lúc nào. ➡「やり方を聞く」p.58

3 Là cách nói khi đề xuất việc mua cho đối phương. ➡「アドバイス」p.62

5ばん　　正解　2　　　　　　　　　　　　　　　　　　p.11

スクリプト　🔊A 21

先生に、来週のテストについて質問します。何と言いますか。

女：1　先生、何か勉強しましたか。

　　2　先生、何を勉強しておいたらいいですか。

　　3　先生、テストの勉強をしてはいけませんか。

解説

「〜ておく」は準備のために何かをするという表現。➜「やり方を聞く」p.58「ている／おく／ある」p.65

1　先生に勉強したかどうかを聞く表現なので、不適切。

3　「〜てはいけません」は禁止の意味。➜「命令する／禁止する」p.64

"〜ておく" expresses the idea of acting in preparation for something. ➜「やり方を聞く」p.58「ている／おく／ある」p.65
1　This is inappropriate, as it is an expression for asking the teacher whether or not something has been studied.
3　"〜てはいけません" means something is prohibited. ➜「命令する／禁止する」p.64

"〜ておく"是表示"为了做准备需要做什么"的说法。➜「やり方を聞く」p.58「ている／おく／ある」p.65
1　是询问老师是否学习过了的说法，不合题意。
3　"〜てはいけません"表示禁止的意思。➜「命令する／禁止する」p.64

"〜ておく"là mẫu câu mang nghĩa làm cái gì đó để chuẩn bị. ➜「やり方を聞く」p.58「ている／おく／ある」p.65
1　Là câu để hỏi giáo viên đã học hay chưa nên không phù hợp.
3　"〜てはいけません"mang nghĩa cấm đoán. ➜「命令する／禁止する」p.64

6ばん　　正解　3　　　　　　　　　　　　　　　　　　p.11

スクリプト　🔊A 22

友達が遊びに来ました。コーヒーを飲むかどうか聞きます。何と言いますか。

女：1　コーヒーをどうぞ。

　　2　コーヒー、お願いします。

　　3　コーヒーでもいかがですか。

解説

「コーヒーでもいかがですか」はコーヒーを飲むかどうか尋ねる言い方。➜「あいさつ／決まった表現」p.48

1　「コーヒーをどうぞ」はコーヒーを持っていって、勧めるときに言う。

2　「コーヒー、お願いします」は「コーヒーをください」という意味。

"コーヒーでもいかがですか" is a way of asking whether somebody wants to have a coffee. ➜「あいさつ／決まった表現」p.48
1　"コーヒーをどうぞ" is what the speaker says in bringing and offering the coffee.
2　"コーヒー、お願いします" means "a coffee, please.".

"コーヒーでもいかがですか"是询问对方是否喝咖啡。➜「あいさつ／決まった表現」p.48
1　"コーヒーをどうぞ"用于端来咖啡邀请对方喝的场合。
2　"コーヒー、お願いします"意思是"请给我咖啡"。

"コーヒーでもいかがですか"là cách nói khi hỏi đối phương có uống cà phê hay không. ➜「あいさつ／決まった表現」p.48
1　"コーヒーをどうぞ"nói khi mang cà phê ra mời.
2　"コーヒー、お願いします"nghĩa là "Làm ơn cho tôi cà phê".

7ばん　　正解　1　　　　　　　　　　　　　　　　　　　　p.11

スクリプト　🔊 A 23

松本さんから電話がありました。今、病気だそうです。電話を切るとき、松本さんに何と言いますか。

男：1　お大事に。

　　2　お元気で。

　　3　気をつけて。

解説

病気の人に対して言うことば。「体を大事にして、早く元気になってください」という意味。➡「あいさつ／決まった表現」p.48

2　このあとしばらく会わない人と別れるときに言う表現。

3　「気をつけて」は別れるときに相手を心配して言う表現。

Words addressed to a sick person. They mean "take care and I hope you make a quick recovery.". ➡「あいさつ／決まった表現」p.48

2　An expression used on parting from somebody whom you won't see for a while.

3　"気をつけて" is used on parting from somebody for whom you have concerns.

这是对生病的人说的话，意思是"请保重身体，早日康复"。➡「あいさつ／決まった表現」p.48

2　这是与今后一段时间都不会见面的人分别时说的话。

3　"気をつけて" 是与对方分别之际体贴对方的话语。

Là câu để nói với người đang bệnh. Mang ý nghĩa "Hãy giữ gìn thân thể và mau khỏe lại nhé". ➡「あいさつ／決まった表現」p.48

2　Là câu nói khi tạm biệt người mà mình sẽ không gặp lại trong một thời gian nữa.

3　"気をつけて" là câu nói khi lo lắng cho đối phương lúc tạm biệt.

4 回目

1ばん　　正解　2　　　　　　　　　　　　　　　　　　　　p.15

スクリプト　🔊 A 26

スーパーで店の人が話しています。今日、牛乳は1本いくらになりますか。

男：皆様、いらっしゃいませ。今日は雨ですから、特別に安くしています。卵10個で、いつもは188円のものが、98円、98円になります。また、牛乳は1本220円のものが110円になります。それから、砂糖は、1キロ220円のものが、198円になります。皆様、今日は安いですよー。

今日、牛乳は1本いくらになりますか。

「牛乳は1本220円のものが110円になります」と言っている。
1　98円は卵10個の今日の値段。
3　220円は、牛乳と砂糖のいつもの値段。
4　198円は、砂糖の今日の値段。

He says "牛乳は1本220円のものが110円になります (one bottle of milk costs ¥220, but it is discounted to ¥110.)".
1　¥98 is the price of ten eggs today.
3　¥220 is the usual price of milk and sugar.
4　¥198 is today's price for sugar.

男子说 "牛乳は1本220円のものが110円になります（一瓶原价220日元的牛奶现价为110日元)"。
1　98日元是10个鸡蛋今天的价格。
3　220日元是鸡蛋和糖平日的价格。
4　198日元是糖今天的价格。

Người đó nói: "牛乳は1本220円のものが110円になります (Sữa 1 hộp 220 yên giảm còn 110 yên)".
1　98 yên là giá 10 quả trứng của hôm nay.
2　220 yên là giá sữa và đường lúc bình thường.
4　198 yên là giá đường của hôm nay.

2ばん　　正解　4　　　　　　　　　　　　p.15

スクリプト　🔊A 27

女の人と男の人が話しています。男の人は何の写真を撮りましたか。

女：旅行に行ってきたんでしょう？　楽しかった？
男：とても楽しかった。写真をたくさん撮ったよ。
女：へえ。きれいな景色とか、おもしろい場所とか？
男：ううん。
女：じゃ、おいしいものの写真？
男：うーん、あまり歩いたり食べたりしなかったんだ。それより、ぼくは前から乗りたかった電車に乗れたのが、楽しかったなあ。
女：ああ、そうなの。じゃ、その写真を撮ったのね。
男：うん。見る？

男の人は何の写真を撮りましたか。

解説

女の人の言った「その写真」は電車の写真。「じゃ」は、「それでは」の意味。男の人は景色の写真、おもしろい場所の写真、おいしいものの写真は撮っていない。「ううん」は「いいえ」の話しことば。➡「話しことば」p.51

When the woman said "その写真", she was referring to the photograph of the train. "じゃ" means "それでは (so, well …)". The man did not take photographs of the scenery, interesting places or delicious food. "ううん" is a colloquial form of "いいえ". ➡「話しことば」p.51

女子说的 "その写真" 是火车的照片。"じゃ" 是 "それでは（那么)" 的意思。男子没有拍摄风景、有趣的场所和好吃的食物的照片。"ううん" 是 "いいえ" 的口语说法。➡「話しことば」p.51

"その写真" mà người nữ nói là hình chụp tàu điện. "じゃ" nghĩa là "それでは (Vậy là)". Người nam không chụp hình

3ばん　　正解　4　　　　　　　　　　　　　　　　　　　　p.15

スクリプト　🔊A 28

電話で男の人がバスの会社の人と話しています。男の人はどこにかばんを置きましたか。

女：はい、日本バスです。

男：すみません、バスの中にかばんを忘れてしまったんですが。あの、白山駅を6時に出
　　たバスです。

女：かばんはどこに置きましたか。

男：椅子の下に置きました。

女：そうですか。椅子の上ではないんですね。どの席に座っていましたか。

男：えーと、前から2番目、いや、3番目の右側の席です。

女：わかりました。すぐに連絡しますので、ちょっと待ってくださいね。

男：はい。お願いします。

男の人はどこにかばんを置きましたか。

解説

男の人は前から3番目の右側の席に座って、かば
んを椅子の下に置いた。

The man sat in the third seat from the front on the right-hand
side, and put his briefcase under the seat.

男子坐在了从前面数第三排右侧的座位，包放在了座位的下面。

Người nam đã ngồi ghế thứ 3 tính từ trước ra sau, phía bên
phải, và đã để cặp xách dưới ghế.

5 回目

1ばん　　正解　1　　　　　　　　　　　　　　　　　　　　p.16

スクリプト　🔊A 30

女の人と男の人が話しています。男の人はこのアパートの何がいいと思っていますか。

女：新しいアパートに引っ越して、便利になった？

男：うーん、駅から歩いて20分ぐらいかかる。スーパーもうちから20分ぐらいなんだ。

女：そう……。部屋は広い？

男：あまり広くないし、新しくない。でも、部屋からそばの公園の木が見えるから、とても気持ちがいいんだ。自分の家の庭みたいだよ。

女：そうなんだ。それはいいね。

男の人はこのアパートの何がいいと思っていますか。

「部屋からそばの公園の木が見えるから、とても気持ちがいいんだ」と言っている。

He says "部屋からそばの公園の木が見えるから、とても気持ちがいいんだ (it is a good place, because you can see the trees in the park near the apartment.)".

男子说 "部屋からそばの公園の木が見えるから、とても気持ちがいいんだ（从房间里面能看到旁边公园的树木，心情非常舒畅）"。

Người đó nói: "部屋からそばの公園の木が見えるから、とても気持ちがいいんだ (Từ căn hộ thấy được cây cối trong công viên bên cạnh nên cảm giác dễ chịu lắm)".

2ばん　　正解　3　　　　　　　　　　　　　p.16

スクリプト	🔊 A 31

女の人と男の人が話しています。男の人は妻に何を渡しますか。

女：青木さん。昨日はありがとうございました。とても楽しかったです。奥さん、お料理、上手ですね。

男：いいえ、こちらこそ楽しかったです。妻がまた遊びに来てくださいと言っていました。

女：ありがとうございます。あ、これ、昨日奥さんに約束した花の本です。奥さんに渡してください。

男：はい、わかりました。

女：それから……。

男：あ、これですね、妻に頼まれました。おかしの作り方が書いてあります。どうぞ。

女：わあ、うれしい。奥さんのおかし、すごくおいしかったから、私も作りたくて。

男の人は妻に何を渡しますか。

女の人は男の人に花の本を渡して、「奥さんに渡してください」と頼んだ。おかしの作り方は、男の人が女の人に渡した。➡「依頼する」p.57「家族関係を表す語」p.69

The woman handed the flower book to the man and said to him, "奥さんに渡してください (please give it to your wife.)". As for the sweets recipe, the man gave it to the woman. ➡「依頼する」p.57「家族関係を表す語」p.69

女子把关于花的书递给了男子，说"奥さんに渡してください（请转交给您的夫人）"。写有点心制作方法的便签是男子转交给女子的。➡「依頼する」p.57「家族関係を表す語」p.69

Người nữ đưa người nam sách về hoa và nhờ: "奥さんに渡してください (Anh đưa chị nhà nhé)". Công thức làm bánh là người nam đưa người nữ. ➡「依頼する」p.57「家族関係を表す語」p.69

3ばん　　　正解　3　　　　　　　　　　　　　　　　p.16

スクリプト　🔊A 32

女の人と男の人が話しています。男の人は、授業のあとで、まずどこへ行きますか。男の人です。

女：タワポンさん、今日、授業のあと、アルバイトですか。
男：えーと、アルバイトは月曜と水曜だから、今日は行きません。
女：じゃあ、一緒に駅前の喫茶店へ行きませんか。その店、コーヒーがおいしいんですよ。
男：いいですけど……。図書館へ本を返しに行かなくてはいけないんです。
女：あ、私も事務室へレポートを出しに行きます。
男：そうですか。じゃ、学校の門の前で会いましょう。
女：はい、そうしましょう。
男：じゃ、あとで。

男の人は、授業のあとで、まずどこへ行きますか。

解説

➡「誘う」p.60「必要／不必要」p.61
1　図書館へ行ったあとで、門の前で女の人と会う。
2　事務室へ行くのは、女の人。
4　門の前で女の人と会ってから、一緒に喫茶店へ行く。

➡「誘う」p.60「必要／不必要」p.61
1 After going to the library, he meets with the woman in front of the gate.
2 The person going to the office is the woman.
4 After meeting the woman at the entrance, he goes to a café with her.

➡「誘う」p.60「必要／不必要」p.61
1 去完图书馆之后，在校门口与女子汇合。
2 要去办公室的人是女子。
4 在校门口与女子汇合之后再一起去咖啡馆。

➡「誘う」p.60「必要／不必要」p.61
1 Sau khi đi thư viện sẽ gặp người nữ trước cổng.
2 Người đi đến văn phòng là người nữ.
4 Gặp người nữ trước cổng rồi cùng đi đến quán cà phê.

4 ばん　　正解　3　　　　　　　　　　　　　　　　　p.17

スクリプト　🔊A 34

友達が気分が悪そうです。何と言いますか。
女：1　病院に行ってもいい？
　　2　病院に行ったよ。
　　3　病院に行ったほうがいいよ。

解説

「〜たほうがいい」はアドバイスの表現。➡「アドバイス」p.62

1　「〜てもいい？」は許可を求める言い方。自分が病院に行きたいときに使う。➡「許可を求める」p.59

2　「行ったよ」は、私は病院へ行ったという意味。

“〜たほうがいい” is a formula for giving advice. ➡「アドバイス」p.62
1　“〜てもいい？” is a formula for seeking permission. It is used when you wish to go to the hospital yourself. ➡「許可を求める」p.59
2　“行ったよ” means I went to the hospital.

“〜たほうがいい” 是提出建议的表达方式。➡「アドバイス」p.62
1　“〜てもいい？” 是征求许可的表达方式，用于表达自己想要去医院时。➡「許可を求める」p.59
2　“行ったよ” 意思是 “我已经去过医院了”。

“〜たほうがいい” là mẫu câu khuyên bảo. ➡「アドバイス」p.62
1　“〜てもいい？” là cách nói khi xin phép. Dùng khi bản thân mình muốn đi bệnh viện. ➡「許可を求める」p.59
2　“行ったよ” nghĩa là tôi đã đi đến bệnh viện rồi.

---

5 ばん　　正解　3　　　　　　　　　　　　　　　　　p.17

スクリプト　🔊A 35

昼ご飯を食べに行きたいです。何と言いますか。
女：1　今日、昼ご飯は食べないつもり。
　　2　昼ご飯、おいしいね。
　　3　そろそろ昼ご飯食べない？

解説

➡「イントネーション」p.53「誘う」p.60
1　「〜ないつもり」は何かをする気持ちがない、予定がないという意味。
2　「おいしいね」は一緒に食べている人に感想を言う言い方。

➡「イントネーション」p.53「誘う」p.60
1　“〜ないつもり” means that you do not feel like doing something or have no plans to do something.
2　“おいしいね” is an expression of appreciation of a meal, said to those with whom you are dining.

➡「イントネーション」p.53「誘う」p.60
1　“〜ないつもり” 意思是 “没有做某事的心情或者计划”。
2　“おいしいね” 是在向正在一起吃饭的人陈述感想的说法。

➡「イントネーション」p.53「誘う」p.60
1　“〜ないつもり” nghĩa là không nghĩ, không có dự định làm điều gì đó.
2　“おいしいね” là cách để nói cảm tưởng của mình với người đang cùng ăn.

6 ばん　　正解　2

p.17

スクリプト　🔊A 36

公園にかわいい犬がいます。犬の写真を撮りたいです。何と言いますか。

男：1　かわいいですね。写真を撮ってくださいませんか。

　　　2　かわいいですね。写真を撮ってもいいですか。

　　　3　かわいいですね。写真を撮ったほうがいいですよ。

解説

自分で写真を撮りたいが、そうしてもいいかどうか聞く表現。「〜てもいいですか」は許可を求める言い方。➡「許可を求める」p.59

1　相手に写真を撮ってくださいと頼むときの、ていねいな言い方。➡「依頼する」p.57

3　「〜たほうがいい」は、相手にそれをするようにアドバイスする表現。➡「アドバイス」p.62

A formula for seeking consent when you want to take a photograph. "〜てもいいですか" is a formula for seeking permission. ➡「許可を求める」p.59
1　A polite way to ask someone to take a photo for you. ➡「依頼する」p.57
3　"〜たほうがいい" is a way of recommending that somebody take a certain course of action. ➡「アドバイス」p.62

该表达方式表示自己想拍摄照片，询问对方是否可以这样做。"〜てもいいですか"是征求许可的说法。➡「許可を求める」p.59
1　是请求对方给自己拍照时的礼貌说法。➡「依頼する」p.57
3　"〜たほうがいい"是建议对方那样做的表达方式。➡「アドバイス」p.62

Là cách diễn đạt để hỏi rằng tôi muốn chụp hình, như thế có được hay không. "〜てもいいですか" là cách nói để xin phép. ➡「許可を求める」p.59
1　Là cách nói lịch sự khi nhờ đối phương chụp hình cho mình. ➡「依頼する」p.57
3　"〜たほうがいい" là mẫu câu khuyên đối phương nên làm như thế. ➡「アドバイス」p.62

7 ばん　　正解　1

p.17

スクリプト　🔊A 37

漢字の読み方がわかりません。近くにいる人に聞きます。何と言いますか。

男：1　すみません。ここに何と書いてありますか。

　　　2　すみません。この漢字を読んでもいいですか。

　　　3　すみません。これはどうやって書きますか。

解説

➡「ている／おく／ある」p.65

2　「〜てもいいですか」は自分がしたいことの許可を求めるときの表現。➡「許可を求める」p.59

3　書き方を聞くときの表現。

➡「ている／おく／ある」p.65
2　"〜てもいいですか" is a formula for seeking permission for something that you want to do yourself. ➡「許可を求める」p.59
3　Used when you want to know how to write something.

➡「ている／おく／ある」p.65
2　"〜てもいいですか"是自己想做某事，向对方征求许可时的表达方式。➡「許可を求める」p.59
3　是询问汉字写法时的表达方式。

➡「ている／おく／ある」p.65

2 "〜てもいいですか"là mẫu câu xin phép làm điều mình muốn làm.
➡「許可を求める」p.59
3 Là mẫu câu để hỏi cách viết.

6 回目

１ばん　　正解　3　　　　　　　　　　　　p.20

スクリプト　🔊A 40

女：外は、すごい雨ですよ。

男：1　それは、天気予報ですね。

　　2　じゃあ、傘はいりませんね。

　　3　じゃ、私はもう少し待ってから帰ります。

解説

「すごい雨」は雨が強く降っているという意味。
男の人は、雨が弱くなるのを待ってから帰ると
言っている。

1　女の人は今の天気について言っているので、
天気予報ではない。

2　今、雨が降っているので、傘は必要。

"すごい雨" means that it is raining very hard. The man is saying that he will wait for the rain to slacken off before going back.
1　The woman is talking about the weather now, not the forecast.
2　He needs an umbrella now because of the rain.

"すごい雨" 是 "雨正下得很大" 的意思。男子说等雨小之后他再回家。
1　女子说的是现在的天气状况，不是天气预报。
2　现在正在下雨，所以需要伞。

"すごい雨" nghĩa là đang mưa lớn. Người nam nói sẽ đợi bớt mưa mới về.
1　Người nữ đang nói về thời tiết hiện tại, không phải dự báo thời tiết.
2　Trời đang mưa nên cần dù.

2ばん　　正解　2　　　　　　　　　　　　p.20

スクリプト　🔊A 41

男：今からお酒でも飲みに行きませんか。

女：1　楽しかったですね。

　　2　まだ仕事が終わらないんです。

　　3　私はコーヒーは飲みません。

解説

「〜ませんか」は一緒に何かをしようと誘ってい
る。2は、理由を言って、断っている。➡「誘う」

"〜ませんか" is a way of inviting somebody to do something together. 2. is a rejection, giving a reason. ➡「誘う」p.60
1　"楽しかったですね" is what you say after the event.

1 「楽しかったですね」は行ったあとで言うこ
　とば。
3 「お酒でも」と誘っているのに、コーヒーに
　ついて答えるのは、不適切。

3 As the invitation involved the words "お酒でも" (how about
　a drink?), meaning alcohol, it is inappropriate to give an
　answer about coffee.

"～ませんか" 是邀请对方一起做什么。选项2叙述了理由表
示拒绝。➡「誘う」p.60
1 "楽しかったですね" 是去完之后说的话语。
3 邀请对方喝 "お酒でも（酒什么的)"，回答的却是咖啡，
　不合题意。

"～ませんか" là để rủ đối phương cùng làm cái gì đó. Lựa chọn
số 2 là nói lý do rồi từ chối. ➡「誘う」p.60
1 "楽しかったですね" là câu nói sau khi đi xong.
3 Đang được rủ là "お酒でも (rượu nhé)" mà lại trả lời về cà
　phê là không phù hợp.

3ばん　　正解　2　　　　　　　　　p.20

スクリプト　🔊A 42

女：会議室はもう片づけましたか。

男：1　あ、まだだれもいません。

　　2　あ、今からやります。

　　3　あ、会議室は2階にあります。

解説

「今からやります」は「すぐに片づける」という
意味。

"今からやります" means "I will immediately clear things up."

"今からやります" 意思是 "我马上收拾"。

"今からやります" nghĩa là "Tôi sẽ dọn ngay".

4ばん　　正解　2　　　　　　　　　p.20

スクリプト　🔊A 43

男：あ、そこに入るな！

女：1　はい、入ります。

　　2　ごめんなさい。

　　3　入りなさい。

解説

「入るな」は「入ってはいけない」という意味。
女の人は入ってはいけない場所に入ったので、
「ごめんなさい」と謝っている。➡「命令する／
禁止する」p.64

"入るな" means you must not enter. Because the woman has
gone into a place where entry is forbidden, she apologizes with
the words "ごめんなさい". ➡「命令する／禁止する」p.64
1 It is inappropriate to say "はい、入ります" when told "入る
　な".
3 "入りなさい" is an emphatic way of saying "入ってくださ
　い". When somebody says "入るな", it is inappropriate to
　reply "入りなさい".

1 「入るな」に対して「はい、入ります」と言うのは不適切。

3 「入りなさい」は「入ってください」の強い言い方。「入るな」と言われて、「入りなさい」と言うのは不適切。

"入るな" 意思是 "不允许进入"。女子进入了不允许进入的场所，所以她说 "ごめんなさい" 表达歉意。➡「命令する／禁止する」p.64
1 对 "入るな" 回答 "はい、入ります"，不合题意。
3 "入りなさい" 比 "入ってください" 语气强烈。被告知 "入るな"，却回答 "入りなさい"，不合题意。

"入るな" nghĩa là "Không được vào". Người nữ đi vào nơi cấm vào nên nói lời xin lỗi: "ごめんなさい". ➡「命令する／禁止する」p.64
1 Nói "はい、入ります" để đáp lại "入るな" là không phù hợp.
3 "入りなさい" là cách nói mạnh của "入ってください". Bị nói là "入るな" mà đáp "入りなさい" là không phù hợp.

5ばん　　正解　2　　p.21

スクリプト 🔊 A 45

男の学生と女の学生が作文の宿題について話しています。作文の宿題はいつまでに出さなければなりませんか。

男：作文、書いた？

女：うん、今書いている。あと少し。

男：いいなあ。ぼくはまだぜんぜん。

女：え？　大丈夫？

男：あれ？　作文はいつまで？　あさってだよね。

女：え？　あしたでしょう？　先生があしたの3時までに出しなさいと言っていたよ。あさっては、漢字の宿題。漢字はあさっての12時までだよ。

男：えっ！　どうしよう。間違えた。漢字の宿題をやっていた。

作文の宿題はいつまでに出さなければなりませんか。

解説

「作文（の宿題）はいつまで？」と聞かれて、女の学生は「先生があしたの3時までに出しなさいと言っていたよ」と答えている。➡「命令する／禁止する」p.64

On being asked "作文（の宿題）はいつまで？ (when is the essay (homework) due?)", the girl student replies "先生があしたの3時までに出しなさいと言っていたよ (teacher said hand it in by three o'clock tomorrow afternoon.). ➡「命令する／禁止する」p.64

女学生被问及 "作文（の宿題）はいつまで？ (提交作文 (作业) 的截止时间是？)" 时，回答说 "先生があしたの3時までに出しなさいと言っていたよ (老师说了请明天下午三点之前提交哦)"。➡「命令する／禁止する」p.64

Khi được hỏi: "作文（の宿題）はいつまで？ (Bài làm văn (cho về nhà) khi nào phải nộp?)", nữ sinh trả lời là: "先生があしたの3時までに出しなさいと言っていたよ (Giáo viên đã nói phải nộp trước 3 giờ ngày mai)". ➡「命令する／禁止する」p.64

6ばん　正解　4　　　　　　　　　　　　　　　　　　　　　　　　　p.21

スクリプト　🔊A 46

電話で男の人と女の人が話しています。女の人はあした何をしますか。

男：あしたの昼ご飯、会社の近くで一緒に食べない？

女：あ、ごめんなさい。あした、会社に行かないから。

男：え？　どうして？　体の具合、悪い？

女：ううん。私は元気。

男：あ、ねこのタマちゃんが病気？　それなら病院へ行ったほうがいいね。

女：ううん。あしたはうちで仕事。インターネットを使ってテレビ会議のテストをするんだ。

男：あ、そうなんだ。

女の人はあした何をしますか。

解説

ねこは病気ではない。女の人は、家でテレビ会議のテストをするから、「あした、会社に行かない」と言った。「ううん」は「いいえ」の話しことば。➡「話しことば」p.51「イントネーション」p.53

The cat is not sick. Because the woman is doing a teleconferencing test at home, she said "あした、会社に行かない (I am not going to the office tomorrow.)". "ううん" is a conversational form for "いいえ". ➡「話しことば」p.51「イントネーション」p.53

猫没有生病。女子要在家进行视频会议测试，因此说 "あした、会社に行かない（明天不去公司）"。"ううん" 是 "いいえ" 的口语形式。➡「話しことば」p.51「イントネーション」p.53

Con mèo không bị bệnh. Người nữ nói: "あした、会社に行かない (Ngày mai không đến công ty)" vì sẽ thử nghiệm họp qua mạng ở nhà. "ううん" là văn nói của "いいえ". ➡「話しことば」p.51「イントネーション」p.53

7 回目

1ばん　正解　4　　　　　　　　　　　　　　　　　　　　　　　　　p.22

スクリプト　🔊A 48

男の学生と女の先生が話しています。男の学生は、どのように発音の練習をしますか。

男：先生、ぼく、スピーチをすると、みんなに意味がよくわからなかったと言われるんです。どうやって練習したら、発音がよくなりますか。

女：うーん、ウィルさんはドラマが好き？　日本のドラマを見ながら、一緒に話して練習したらどうかなあ。

男：ああ、ドラマですか。ぼくは、あまり……。

女：じゃ、何が好き？

男：日本の音楽を聞くのが好きです。日本の歌をよく聞きます。

女：じゃ、歌を聞きながら、一緒に歌ってみたらどう？

男：それは、いいですね。やってみます。

男の学生は、どのように発音の練習をしますか。

解説

男の学生はドラマがあまり好きではないので、1、2は正しくない。先生が「歌を聞きながら、一緒に歌ってみたらどう？」と提案したのに対して、学生は「やってみます」と賛成した。→「アドバイス」p.62

Because the male student does not much like TV dramas, I and 2 are wrong. The teacher told the student "歌を聞きながら、一緒に歌ってみたらどう？ (why don't you sing along while listening to the song?)" The student agreed with the words "やってみます (I'll try it.)".→「アドバイス」p.62

男学生不太喜欢看电视剧，所以选项1和选项2不正确。老师提出建议说 "歌を聞きながら、一緒に歌ってみたらどう？（边听歌曲边跟着唱怎么样？）"，学生表示赞同说 "やってみます（试试看）"。→「アドバイス」p.62

Nam sinh không thích xem phim truyền hình nên 1 và 2 là không đúng. Đáp lại đề xuất của giáo viên: "歌を聞きながら、一緒に歌ってみたらどう？ (Em thử vừa nghe bài hát vừa hát theo xem sao)", nam sinh đã đồng ý: "やってみます (Em sẽ làm thử)".→「アドバイス」p.62

2ばん　　　　正解　3　　　　　　　　　　　　　　　　　　p.22

スクリプト　🔊A 49

女の人と男の人が話しています。男の人は資料を何枚コピーしますか。

女：ミラーさん、あしたお客さんが来るので、この資料のコピーをお願いします。

男：はい。何枚ですか。

女：お客さんは8人ですから、8枚。あと私の……はいらないわね。これがあるから。

男：わかりました。

女：あ、そうそう、伊藤部長も来ると言っていましたから、部長のもよろしくね。

男：はい、わかりました。

男の人は資料を何枚コピーしますか。

お客さんは8人。伊藤部長も来るので9枚必要。
女の人は1枚持っているのでコピーする必要はない。「あ、そうそう」は、言うべきことをあとで思い出したときの表現。

There are eight customers. Because manager Ito is also coming, nine copies are needed. The woman already has one, so the man doesn't have to make a copy for her. "あ、そうそう" is what you say when you remember something that you should have said earlier (but omitted).

客人是8位，伊藤部长也来所以需要9份资料。女子手里有1份资料所以不需要复印。"あ、そうそう"用于后来想起了忘记说的话语时。

Có 8 người khách. Trưởng phòng Ito cũng sẽ đến nên cần 9 bản. Người nữ đã có 1 bản rồi nên không cần phô-tô nữa. "あ、そうそう" là cách nói khi vừa nhớ ra điều cần nói trước đó.

3ばん　　正解　3　　　　　　　　　　　　　　　　p.23

スクリプト　🔊A 50

コンビニで、男の店員と女の店員が話しています。女の店員は、このあとまず何をしますか。

男：サラさん、今日は3時までだね。店の前の掃除は終わった？

女：あ、はい。掃除は、今、終わりました。あと、このゴミを片づけます。

男：あ、ゴミは私がやるから、いいよ。それより、温かいお茶がケースに1本しか入っていないから、10本ぐらい入れておいてください。

女：あ、わかりました。

男：それが終わったら、帰っていいから。

女：はい。

女の店員は、このあとまず何をしますか。

解説

女の店員は、それ（＝ゴミ）よりお茶を入れておいてくださいと頼まれた。➡「依頼する」p.57「ている／おく／ある」p.65

1　掃除はもう終わった。

2　女の店員はゴミを片づけると言ったが、男の店員は「ゴミは私がやるから、いいよ」と言った。「いいよ」は「しなくてもいい」という意味。➡「イントネーション」p.53

4　男の店員は「それ（＝お茶を入れる仕事）が

The shop girl was asked by him to put the bottled tea into the heatbox rather than deal with that (=the garbage). ➡「依頼する」p.57「ている／おく／ある」p.65
1　The cleaning is finished.
2　The shop girl said she would deal with the garbage, but the male clerk said "ゴミは私がやるから、いいよ". "いいよ" means "you do not need to do that.". 「イントネーション」p.53
4　The male clerk said "それ（＝お茶を入れる仕事）が終わったら、帰っていい (you can go home after finishing that (=the job of dealing with the bottled tea)).".

男店员要求女店员把茶提前倒好，不用做那件事（＝收拾垃圾）。➡「依頼する」p.57「ている／おく／ある」p.65
1　打扫卫生已经干完了。
2　女店员说要去收拾垃圾，男店员说"ゴミは私がやるから、いいよ"。"いいよ"意思是"不需要做"。➡「イントネーション」p.53
4　男店员说"それ（＝お茶を入れる仕事）が终わったら、

終わったら、帰っていい」と言った。

帰っていい（干完那件事（＝倒茶这件事）就可以回家了）"。

Nữ nhân viên được nhờ là thay vì cái đó (= rác), hãy bỏ chai trà vào ngăn tủ sẵn. ➔「依頼する」p.57「ている／おく／ある」p.65
1 Việc quét dọn đã làm xong rồi.
2 Nữ nhân viên nói sẽ đổ rác nhưng nam nhân viên lại nói: "ゴミは私がやるから、いいよ". "いいよ" nghĩa là "không cần làm". ➔「イントネーション」p.53
4 Nam nhân viên nói: "それ（＝お茶を入れる仕事）が終わったら、帰っていい (Xong việc đó (= bỏ trà vào) thì cô có thể về)".

4 ばん　　正解　１　　　　　　　　　　　　　　p.23

スクリプト　🔊A 52

男：さいふをなくしてしまいました。

女：1　それは大変ですね。

　　2　どうぞお大事に。

　　3　どうもすみません。

解説

「それは大変ですね」は同情する気持ちを表す。
2　病気やけがをした人と別れるときに使う。
3　謝るときや感謝するときに使う。
　　➔「謝る」p.62

"それは大変ですね (That is too bad)" is an expression of sympathy.
2　Used when parting from a sick or injured person.
3　Used when expressing apology or gratitude. ➔「謝る」p.62

"それは大変ですね（那可不得了）" 是表达同情的心情。
2　用于和生病或者受伤的人分别之际。
3　用于道歉或者致谢时。➔「謝る」p.62

"それは大変ですね (Vậy thì gay go quá nhỉ)" thể hiện sự thương cảm.
2　Dùng khi tạm biệt người đang bệnh hoặc bị thương.
3　Dùng khi tạ lỗi hoặc cảm ơn. ➔「謝る」p.62

5 ばん　　正解　3　　　　　　　　　　　　　　p.23

スクリプト　🔊A 53

女：あの映画、一緒に見ない？

男：1　ちょっと、見てみて。

　　2　うん、見たよ。

　　3　いいね。見よう。

解説

「一緒に見ない？」というのは、「一緒に見ませんか」と誘う表現なので、誘いに同意する表現を選

"一緒に見ない？" is an expression of invitation to go and see something together, so you should choose the answer indicating acceptance. ➔「イントネーション」p.53「誘う」p.60
1　"見てみて" is a short form for "見てみてください". Making a request in response to an invitation is inappropriate.

ぶ。➡「イントネーション」p.53「誘う」p.60

1 「見てみて」は「見てみてください」を短くした言い方。誘いのことばに対して、依頼するのは不適切。

2 「一緒に見ない？」は映画をすでに見たかどうかの質問ではないので、「見たよ」とは答えない。

2 "一緒に見ない？" is not a question as to whether somebody has already seen the film. So "見たよ" is not the answer.

"一緒に見ない？"是表达邀请的表达方式，意思是"要不要一起看"，所以需要选择表示接受邀请的表达方式。➡「イントネーション」p.53「誘う」p.60

1 "見てみて"是"見てみてください"的缩略形式，对邀请的话语用请求的语气来回答，不合题意。

2 "一緒に見ない？"不是就是否看过电影来提问，所以不能回答说"見たよ"。

"一緒に見ない？" là câu rủ rê đồng nghĩa với "Xem chung với tôi không?" nên sẽ chọn câu bày tỏ sự đồng ý với lời mời. ➡「イントネーション」p.53「誘う」p.60

1 "見てみて" là cách nói ngắn của "見てみてください". Đáp lại câu rủ rê mà lại nhờ vả là không phù hợp.

2 "一緒に見ない？" không phải là câu hỏi đã xem phim hay chưa nên không trả lời là "見たよ" được.

6ばん　　　正解　2　　　　　　　　　　　　p.23

スクリプト　🔊A 54

男：お昼、食べに行こうよ。

女：1　いいえ、食べたことがありません。

　　2　すみません、もう食べてしまいました。

　　3　はい、行ってきます。

解説

「食べに行こう」という誘いに対し、「もう食べてしまいました」と理由を述べて断っている。➡「誘う」p.60

1 「～ことがありません」は経験がないということを表す表現。誘われて断るときには使わない。

3 「行ってきます」は、行く人が、その場に残る人に対して言う表現。

She turned down the invitation "食べに行こう (let's go and dine)", explaining that "もう食べてしまいました (I have already eaten). ➡「誘う」p.60

1 "～ことがありません" is used to indicate that you have no experience in something. It is not used when turning down an invitation.

3 "行ってきます" is said to the person you leave behind when departing.

对"食べに行こう（去吃饭吧）"这一邀请，叙述了"もう食べてしまいました（我已经吃过了）"这一理由表示拒绝。➡「誘う」p.60

1 "～ことがありません"这一表达方式表示没有经历过，不能用于拒绝邀请的场合。

3 "行ってきます"是离开的人对留在现场的人说的话。

Để đáp lại lời mời "食べに行こう (Đi ăn nào)", người nữ từ chối và nêu lý do là "もう食べてしまいました (Tôi đã ăn rồi)". ➡「誘う」p.60

1 "～ことがありません" là mẫu câu biểu thị rằng mình chưa từng làm. Không dùng để từ chối khi được mời.

3 "行ってきます" là câu người đi nói với người ở lại địa điểm đó.

7ばん　　　正解　1　　　　　　　　　　　　p.23

スクリプト　🔊A 55

男：サッカーの試合、始まった？

女：1　これから始まるところだよ。

2　ええ、始めましょう。

3　この試合、見たばかりだよ。

解説

「V（辞書形）ところだ」は、これから始まることを表す。

2　「始めましょう」は、自分たちが始めるときに言う。

3　「見たばかり」は見たあと、あまり時間が経っていないことを表す。

Verb "（辞書形）ところだ" means a verb action or state is about to begin.

2 "始めましょう" is used when the speakers themselves are about to start something.

3 "見たばかり" means that you have seen something very recently.

"V（辞書形）ところだ" 表示即将开始。

2 "始めましょう" 是自己一方准备开始做某事时说的话。

3 "見たばかり" 表示看完之后还没有过很长时间。

"V（辞書形）ところだ" nghĩa là sắp sửa bắt đầu.

2 "始めましょう" nói khi một nhóm người gồm có mình bắt đầu làm gì đó.

3 "見たばかり" diễn tả rằng mình vừa mới xem xong cách đây chưa lâu.

8 回目

I ばん　　正解　3　　　　　　　　　　　　　　　　　　　　　p.24

スクリプト　🔊 A 57

男の留学生と女の留学生が話しています。男の留学生は、日本人の友達を作るために何をしますか。

男：ぼく、日本人の友達がいないんです。

女：大学のスポーツクラブに入ったらどうですか。私はテニスクラブで、友達を作りましたよ。

男：アルバイトが忙しいので、クラブに入るのはちょっと……。

女：じゃ、来週、パーティーがありますけど、一緒に行きませんか。

男：ぼく、初めての人と話すのが下手なんです。インターネットで、友達になってくれる人を探そうかな。

女：それは危ないですよ。

男：そうですか……。じゃ、やっぱり、来週参加します。

男の留学生は、日本人の友達を作るために何をしますか。

28

女の留学生は来週のパーティーに男の人を誘った。男の留学生は初めての人と話すのが下手なので断ったが、やっぱり（やはり）、パーティーに参加することにした。➡「誘う」p.60「意見を変える」p.68

1　男の留学生は、アルバイトが忙しいので大学のクラブには入るつもりはない。

2　男の留学生は、もうアルバイトをしている。

4　女の留学生が「それ（＝インターネット）は危ないですよ」と言ったので、インターネットで友達を探すのをやめた。

The overseas girl student invited the male student to the party next week. He was shy about meeting new people, so he turned the invite down, but did decide to go to the party in the end. ➡「誘う」p.60「意見を変える」p.68

1　The male student does not plan to join any university clubs, because he is busy with a part-time job.

2　The male student is already doing a part-time job.

4　The male student gave up the idea of looking for online friends, because the female student said that it (=the Internet) is dangerous.

女留学生邀请男留学生参加下周的聚会。男留学生开始时拒绝了，说自己不擅长和初次见面的人说话。后来还是决定参加聚会。➡「誘う」p.60「意見を変える」p.68

1　男留学生忙于打工，不打算参加大学的社团活动。

2　男留学生已经在打工了。

4　女留学生说"那（＝互联网）太危险了"，所以没有在网上交友。

Du học sinh nữ rủ người nam đến bữa tiệc tuần tới. Du học sinh nam từ chối vì không giỏi nói chuyện với người mới gặp nhưng rồi đổi ý, quyết định đi dự tiệc. ➡「誘う」p.60「意見を変える」p.68

1　Du học sinh nam bận đi làm thêm nên không có ý định tham gia câu lạc bộ của trường.

2　Du học sinh nam đang đi làm thêm rồi.

4　Vì du học sinh nữ nói "Vụ đó (= internet) nguy hiểm đấy" nên người nam bỏ ý định tìm bạn trên mạng.

2ばん　　正解　4　　p.24

🔊A 58

会社で男の人と女の人が話しています。男の人は、このあと何をしなければなりませんか。

男：あの、山田さんのさよならパーティーのことなんですが。

女：ああ、いろいろ準備、ありがとう。レストランの予約できた？

男：はい。今日、電話しました。料理も頼んでおきました。

女：あ、ありがとう。じゃあ、あとはプレゼントね。それは私が買うから、いいわよ。

男：そうですか。すみません。

女：あ、山田さんはカラオケが好きだから、食事のあと、カラオケに行きましょう。レストランの近くのカラオケの店、予約してくれない？

男：あ、はい。わかりました。

男の人は、このあと何をしなければなりませんか。

「カラオケの店、予約してくれない？」の「〜てくれない？」は「〜てくれませんか」のカジュ

In "カラオケの店、予約してくれない？", "〜てくれない？" is a casual short form for "〜てくれませんか". It means "Please (do something for me).". ➡「イントネーション」p.53「依頼する」p.57

アルな表現。「～てください」の意味になる。

➡「イントネーション」p.53「依頼する」p.57

1・2　男の人は、もうレストランの予約をして、料理も頼んだ。

3　プレゼントは女の人が買う。「(プレゼントは) 私が買うから、いい」の「いい」は、「買わなくてもいい」という意味。

1・2　The man has already made a reservation at the restaurant and ordered a meal.

3　The woman will buy the present. In "(プレゼントは) 私が買うから、いい", "いい" has the meaning of "買わなくてもいい (you don't need to buy it)".

"カラオケの店、予約してくれない？" 中的 "～てくれない？" 是 "～てくれませんか" 的非正式说法。意思是 "请做某事"。
➡「イントネーション」p.53「依頼する」p.57
1・2　男子已经预订了餐馆，菜也点好了。
3　礼物是由女子来买。"(プレゼントは) 私が買うから、いい" 中的 "いい" 意思是 "買わなくてもいい (不需要买)"。

"～てくれない？" trong câu "カラオケの店、予約してくれない？" là cách nói thân mật của "～てくれませんか", có nghĩa là "Hãy làm…".➡「イントネーション」p.53「依頼する」p.57
1・2　Người nam đã đặt chỗ nhà hàng và đặt món ăn rồi.
3　Quà thì người nữ sẽ mua. "いい" trong câu "(プレゼントは) 私が買うから、いい" nghĩa là "買わなくてもいい (Không cần mua)".

3ばん　正解 I　　　　　　　　　　　　　　　p.24

スクリプト　🔊 A 59

花屋で店の人と女の人が話しています。女の人はどれを買いましたか。

男：いらっしゃいませ。

女：えーと、プレゼントにしたいんですけど、どれがいいでしょうか。

男：プレゼントでしたら、この花はいかがですか。

女：わあ、大きくてきれい。じゃ、この花を5本と、この小さい白い花を3本にしようかな。

男：はい。5本と3本ですね。

女：あ、でも大きいのは1本300円ですか。ちょっと高いですね。えーと、この花は3本にして白を5本でお願いします。

男：はい。リボンの色は何色にしますか。

女：そうですね。小さい花と同じ色がいいので、これにしてください。

女の人はどれを買いましたか。

解説

大きい花は高いので3本にして、白い小さい花を5本にした。リボンの色は小さい花と同じ白。

Because the big flowers are expensive, she decided to get three and bought five small white flowers. The color of the ribbon was white, the color of the small flowers.

大朵的花贵了选了3枝，白色的小朵的花选了5枝。丝带的颜色与小朵的花相同。

Hoa to vì đắt tiền nên chỉ lấy 3 cây, còn hoa trắng nhỏ thì lấy 5 cây. Màu ruy-băng là cùng màu trắng với hoa nhỏ.

4ばん　　正解　3　　　　　　　　　　　　　　　　p.25

スクリプト　🔊 A 61

女：ちょっと手伝ってくれない？

男：1　うん、手伝って。

　　2　うん、手伝ってもらうよ。

　　3　うん、いいよ。

解説

「手伝ってくれない？」は「手伝ってくれませんか」を短くしてカジュアルにした表現。➡「イントネーション」p.53「依頼する」p.57

1　「手伝って」は「手伝ってください」と依頼する表現。

2　ほかの人に手伝いを頼むことを相手に伝えるときに使う。

"手伝ってくれない？" is a shorter, less formal way of saying "手伝ってくれませんか". ➡「イントネーション」p.53「依頼する」p.57

1　"手伝って" means the same as "手伝ってください" — it is a request for help.

2　Used when telling somebody that you will ask someone else to help.

"手伝ってくれない？"是"手伝ってくれませんか"缩略形式的非正式说法。➡「イントネーション」p.53「依頼する」p.57

1　"手伝って"，即"手伝ってください"，是表示请求的表达方式。

2　用于告知对方会请别人来帮忙。

"手伝ってくれない？" là cách nói ngắn và thân mật của "手伝ってくれませんか". ➡「イントネーション」p.53「依頼する」p.57

1　"手伝って" là mẫu câu để nhờ vả rằng "手伝ってください".

2　Dùng khi truyền đạt cho đối phương là mình sẽ nhờ người khác giúp.

5ばん　　正解　3　　　　　　　　　　　　　　　　p.25

スクリプト　🔊 A 62

男：ちょっとコンビニでお金を払ってきます。

女：1　5,000円ぐらい出せますよ。

　　2　どこのコンビニから来たんですか。

　　3　あ、じゃあ、お茶を買ってきてください。

解説

「払ってきます」はコンビニにお金を払いに行って戻ってくるという意味。女の人は男の人に対して、ついでにお茶を買ってくることを頼んでいる。➡「依頼する」p.57

"払ってきます" means that you will come back after paying a bill at the convenience store. The woman is asking the man to get some tea while he is in the store. ➡「依頼する」p.57

"払ってきます"意思是"去便利店付款然后再返回"，女子让男子顺便买点儿茶回来。➡「依頼する」p.57

"払ってきます" nghĩa là sẽ đến cửa hàng tiện lợi trả tiền rồi quay về. Người nữ đang nhờ người nam tiện thể mua trà đem về. ➡「依頼する」p.57

6ばん　　正解　1　　　　　　　　　　　　　　　　　　p.25

スクリプト　🔊A 63

女：あした友達と山に登るんだ。

男：1　へえ、天気がいいといいね。

　　2　一人で行くのは心配じゃない？

　　3　疲れるから、山に登るのはちょっと……。

解説

2　女の人は友達と一緒に山に登る。

3　「〜はちょっと……」は断る表現。男の人は誘われていない。

2　The woman will go mountain climbing with friends.
3　"〜はちょっと……" is an expression for turning something down or refusing. The man is not invited.

2　女子是和朋友一起去爬山。
3　"〜はちょっと……"是表示拒绝邀请的表达方式。男子没有被邀请。

2　Người nữ sẽ leo núi với bạn.
3　"〜はちょっと……" là mẫu diễn đạt để từ chối. Người nam không phải đang được rủ.

7ばん　　正解　3　　　　　　　　　　　　　　　　　　p.25

スクリプト　🔊A 64

女：パウロさんがどこに行ったか知らない？

男：1　知りませんでした。

　　2　早く帰るつもりでした。

　　3　え？　いないんですか。

解説

「どこに行ったか知らない？」とパウロさんのいる場所を聞いている。聞かれた人は、パウロさんが近くにいると思っていたので、驚いている。

1　「知りませんでした」は「知っていましたか」に対する返事なので、ここでは不適切。

2　「つもり」は自分のことを言うときに使う。パウロさんのことには使えない。

With the words "どこに行ったか知らない？ (do you know where he has gone?)", the speaker is asking about the whereabouts of Mr Paulo. The person she asked is surprised because he thought that Mr Paulo was nearby.
1　Because "知りませんでした (I did not know)" is an answer to the question "知っていましたか (did you know?)", this answer is inappropriate here.
2　"つもり (intend to ..)" is only used when you are talking about your own plans. It cannot be used in reference to Mr Paulo.

"どこに行ったか知らない？（你知不知道他去哪儿了？）"是在询问帕罗在哪儿。对方以为帕罗在附近，所以他感到很意外。
1　"知りませんでした（以前不知道）"是针对"知っていましたか（以前知道吗）"这一提问的应答语，在这里不合题意。
2　"つもり"只能用来叙述说话人自己的打算，不能用来叙述帕罗的行为。

Người nữ hỏi nơi Paulo đang ở: "どこに行ったか知らない？ (Có biết Paulo đi đâu không?)". Người được hỏi vốn nghĩ Paulo đang ở gần đó nên đã ngạc nhiên.
1　"知りませんでした (Tôi vốn không biết)" là câu trả lời cho

"知っていましたか (Anh đã biết chưa?)" nên không đúng trong tình huống này.
2　"つもり (có ý định)" dùng khi nói về chuyện của bản thân mình. Không dùng cho chuyện của Paulo được.

9 回目

１ばん　　正解　4　　　　　　　　　　　　　　p.26

スクリプト　🔊A 66

授業で先生が話しています。日本の車は、どうしてアメリカで人気がありますか。

女：日本からたくさんの自動車が外国に輸出されていますが、どこに一番たくさん輸出されているでしょうか。皆さん、知っていますか。一番はアメリカです。輸出する車の37％がアメリカに運ばれています。アメリカの車に比べて、日本の車はあまり壊れないので、人気があります。故障が少なくて長く使えますから、古くなっても高く売ることができるそうです。

日本の車は、どうしてアメリカで人気がありますか。

解説

「日本の車はあまり壊れないので、人気があります」と言っている。
1　37％は日本が輸出する車のうち、アメリカに輸出される車の割合。アメリカの車の37％が日本の車ではない。日本の車が人気がある理由ではない。
2　車を買うときの値段については話していない。
3　「あまり壊れない」「故障が少なくて」と言っている。

She is saying "日本の車はあまり壊れないので、人気があります (Japanese cars are popular because they rarely break down.)".
1　Thirty-seven percent is the proportion of car exports to America among Japan's total automotive exports. It is not that 37% of cars in the United States are made in Japan. That is not the reason why Japanese cars are popular.
2　She is not talking about the purchase price of cars.
3　She is saying "あまり壊れない" and "故障が少なくて".

女子说 "日本の車はあまり壊れないので、人気があります（日本产汽车很少出故障，因此受欢迎）"。
1　37％ 是指出口到美国的汽车占日本所有出口汽车的比率。不是说美国 37% 的汽车是日本产的。这不是日本汽车受欢迎的原因。
2　女子没有谈及购车时的价格。
3　女子说 "あまり壊れない" "故障が少なくて"。

Giáo viên nói: "日本の車はあまり壊れないので、人気があります (Xe hơi của Nhật ít hư hỏng nên được ưa chuộng)".
1　37% là tỉ lệ xe hơi được xuất sang Mỹ trong tổng số xe Nhật Bản xuất khẩu. Không phải 37% xe hơi ở Mỹ là của Nhật. Không phải là lý do xe Nhật được ưa chuộng.
2　Giáo viên không nói về giá cả khi mua xe.
3　Giáo viên đã nói "あまり壊れない", "故障が少なくて".

2ばん　　正解　2　　　　　　　　　　　　　　p.26

スクリプト　🔊A 67

女の人と男の人が話しています。男の人は昨日の地震のとき、何をしていましたか。男の人です。

女：昨日の地震、ちょっと大きかったですね。

男：そうですね。

女：私はおふろに入っていたんですけど、びっくりしましたよ。妹は料理を作っていたから、すぐ火を消したと言っていました。

男：え？　料理を作っていたんですか。それは驚いたでしょうね。

女：ミラーさんは？

男：ぼくは家でテレビを見ていました。妻は、電車に乗っていたのでわからなかったと言っていました。

女：そうですか。

男の人は昨日の地震のとき、何をしていましたか。

解説

1　おふろに入っていた人は、女の人。
3　料理を作っていた人は、女の人の妹。
4　電車に乗っていた人は、ミラーさんの妻。

1	The person who was in the bath was the woman.
3	The person who was making the meal was the sister of the woman.
4	The person riding in the train was Mr Miller's wife.

1　正在洗澡的人是女子。
3　正在做饭的人是女子的妹妹。
4　正在乘坐火车的人是米勒的妻子。

1　Người đang tắm bồn lúc đó là người nữ.
3　Người đang nấu ăn lúc đó là em gái của người nữ.
4　Người đang đi tàu điện lúc đó là vợ của anh Miller.

3ばん　　正解　1　　　　　　　　　　　　　　p.26

スクリプト　🔊A 68

駅前で女の人と男の人が話しています。二人は、まずどこへ行きますか。

女：ニッポン新聞社はここから歩いて5分くらいですよ。会議は2時からですから、じゅうぶん間に合いますね。

男：あの建物、新しいですね。何ですか。

女：えーと、デパートだと思います。あ、違った。電気屋のビルです。2階から8階まで、大きい電気屋で、コンピュータやカメラも売っているそうです。1階は本屋です。外国語の本も売っているらしいですよ。

男：へえ。あ、ぼく、英語の本がほしいんです。ニッポン新聞社へ行く前に、ちょっと行ってもいいですか。

女：そうですか。じゃ、行きましょう。

二人は、まずどこへ行きますか。

解説

男の人はニッポン新聞社へ行く前に本屋に行ってもいいか、女の人に聞いている。それに対して、女の人は「行きましょう」と答えている。本屋は新しいビルに入っていて、電気屋の下の階にある。➡「許可を求める」p.59

The man is asking the woman, if it is okay to go to the bookshop before going to the Nippon Newspaper Company. The woman replies "行きましょう". The bookshop is in the new building, on the floor below the electrical appliance store. ➡「許可を求める」p.59

男子问女子，在去日本报社前是否可以去一趟书店。女子对此回答说"行きましょう"。书店在新建筑物的里面，在电器店下面的楼层。➡「許可を求める」p.59

Người nam đang hỏi người nữ xem có thể vào nhà sách trước khi đi đến tòa soạn báo Nippon được không. Đáp lại, người nữ trả lời: "行きましょう". Nhà sách nằm trong tòa nhà mới, ở tầng bên dưới cửa hàng điện máy. ➡「許可を求める」p.59

---

4 ばん　　正解　3　　　　　　　　　　　　　　　p.27

スクリプト　🔊 A 70

図書館で、隣の人のヘッドホンから音楽が聞こえます。何と言いますか。

女：1　すみません。うるさいですか。

　　2　すみませんが、静かにしてもいいですか。

　　3　すみません。音が聞こえますよ。

解説

この場面の「音が聞こえますよ」は、「静かにしてください」という意味。
2は、自分が静かにしたいが、そうしてもいいかどうか聞いている。➡「許可を求める」p.59

"音が聞こえますよ" here means the speaker can hear something, but the real meaning is "please be quiet."
In 2, the speaker would be asking if she herself, not the noisy neighbour, could be quieter. ➡「許可を求める」p.59

这种场合说的"音が聞こえますよ"是"请保持安静"的意思。
选项 2 是在询问对方自己是否可以不出声。➡「許可を求める」p.59

"音が聞こえますよ" trong tình huống này nghĩa là "Làm ơn giữ yên lặng dùm".
2 là để hỏi rằng mình muốn giữ yên lặng, làm thế có được không. ➡「許可を求める」p.59

5ばん　　正解 1　　　　　　　　　　　　　　　p.27

スクリプト　🔊A 71

プリントの字が薄くてよくわかりません。男の人に何と言いますか。

女：1　字が薄くて、よく見えないんです。

　　2　何が書いてあるか知りたいですか。

　　3　はっきり書いてもいいですか。

解説

「よく見えないんです」は、よく見えなくて困っていることを説明している。「字が濃いプリントをもらえますか」や、「何と書いてあるか教えてもらえますか」と言いたい。

2　プリントの字が読めないのは女の人。男の人にこの質問をするのは適切ではない。

3　「てもいいですか」は許可を求めるときに使う。女の人が書くのではない。➡「許可を求める」p.59

"よく見えないんです" means she has a problem because she cannot see something clearly. She means to say she wants a more clearly printed handout or to have someone tell her what is written.

2　It is the woman who is unable to read the characters on the handout. It is inappropriate to ask the man this question.

3　"てもいいですか" is used to seek permission. The woman is not writing things. ➡「許可を求める」p.59

"よく見えないんです" 表明女子因为看不清楚打印材料上的字而感到困扰。她想表达的意图是 "能不能要一份更清晰的打印材料"，或者是 "能不能告诉我上面写的什么"。

2　看不清楚打印材料上面的字的人是女子。对男子提出这样的问题不合题意。

3　"てもいいですか" 用于征求许可。不是女子写。➡「許可を求める」p.59

"よく見えないんです" là để giải thích rằng mình gặp khó khăn vì không thấy rõ. Có ý muốn nói "Cho tôi xin bản in khác đậm hơn được không?" hay "Làm ơn cho tôi biết trên này viết gì".

2　Người không đọc được chữ trên bản in là người nữ. Hỏi người nam câu này là không phù hợp.

3　"てもいいですか" dùng khi xin phép. Không phải người nữ viết. ➡「許可を求める」p.59

6ばん　　正解 3　　　　　　　　　　　　　　　p.27

スクリプト　🔊A 73

女：そのペン、書きやすいですか。

男：1　いいえ、とても高かったです。

　　2　いいえ、あまり上手じゃありません。

　　3　ええ、たくさん書いても疲れません。

解説

「たくさん書いても疲れない」ペンは、書くのが楽なペンという意味。

1　安いかどうかを聞いているのでない。

2　「いいえ、あまり上手じゃありません」は「上手ですか」という質問の答え。

"たくさん書いても疲れない" means that the pen is comfortable to write with.

1　She is not asking if it is cheap.

2　"いいえ、あまり上手じゃありません" is the answer to the question "上手ですか".

"たくさん書いても疲れない" 这样的笔就是指容易写字的笔。

1　不是在问价格是否便宜。

2　如果问的是 "上手ですか"，可以回答说 "いいえ、あまり上手じゃありません"。

Cây bút "たくさん書いても疲れない" nghĩa là cây bút viết rất thoải mái.

1 Người nữ không hỏi bút rẻ hay không.
2 "いいえ、あまり上手じゃありません" là câu trả lời cho câu hỏi "上手ですか".

7ばん　　正解　3　　　　　　　　　　　　　　　p.27

スクリプト　🔊A 74

女：この部屋、ちょっと寒くない？

男：1　じゃ、冷房、つけようか。

　　2　じゃ、もっと冷房、強くしようか。

　　3　じゃ、冷房、弱くしようか。

解説

「寒くない？」は「寒くないですか（＝私は寒いですが、あなたも寒いですか）」という意味。女の人は寒いと言っているから、冷房を弱くする。➡「申し出る」p.59

"寒くない？" means "aren't you cold?" (=I feel cold myself, but do you feel cold too?) The air-conditioning is turned down because the woman says she feels cold. ➡「申し出る」p.59

"寒くない？" 意思是 "你不冷吗（＝我觉得冷，你也觉得冷吗)"。女子说她觉得冷，所以要把空调的温度调高一些。➡「申し出る」p.59

"寒くない？" nghĩa là "Bạn không lạnh hả? (= Tôi thấy lạnh còn bạn có lạnh không?)". Người nữ nói lạnh nên sẽ giảm máy lạnh xuống. ➡「申し出る」p.59

10 回目

1ばん　　正解　2　　　　　　　　　　　　　　　p.28

スクリプト　🔊B 02

女の人と男の人が話しています。男の人は何が大変でしたか。

女：中山さん、夏休みにどこへ行きましたか。

男：北海道へ行きました。妻が写真教室に通っていて、北海道の写真を撮りたいと言ったので。

女：へえ、奥さんが。でも大好きなテニスもできたんでしょう？ 涼しいところで。

男：いやあ、今回は、テニスはできなかったんですよ。車で北海道を旅行したんですが、ずっと運転手でした。本当に疲れました。

女：ああ、そう。

男：でも、きれいな景色も見られたし、おいしいものも食べられて、楽しかったんですけどね。

男の人は何が大変でしたか。

解説

「ずっと運転手でした。本当に疲れました」と言っているので、運転が大変だった。

1　写真を撮ったのは妻。

3　テニスはできなかった。

4　おいしい店を探したとは言っていない。

He says "ずっと運転手でした。本当に疲れました (I did the driving the whole way and really got tired)" indicating that the driving was a burden.
1　It was the wife who took the photograph.
3　He was unable to play tennis.
4　He does not say that they looked for a restaurant with delicious food.

男子说 "ずっと運転手でした。本当に疲れました（自己一直当司机，真的很疲惫）"，所以是开车很辛苦。
1　拍摄照片的是妻子。
3　没能打网球。
4　男子没有提及寻找好吃的店。

Người nam nói "ずっと運転手でした。本当に疲れました (Tôi làm tài xế suốt. Mệt thật sự luôn)" nên việc lái xe là vất vả.
1　Người chụp ảnh là người vợ.
3　Không chơi tennis được.
4　Người nam không nói là đã đi tìm quán ăn ngon.

2ばん　　正解　2　　　　　　　　　　　　　　　p.28

スクリプト　🔊 B 03

ラジオで男の人が話しています。この人は何が一番困ると言っていますか。

男：私は町をきれいにするため、ときどき道の掃除をしています。最近はだいぶきれいになりましたが、タバコのゴミがまだ多いです。建物の中で吸えないからでしょうね。ジュースやコーヒーなどの缶も落ちていますね。でも、もっと困るのは、ゴミが草とか木の枝の間に入っていることなんです。そういうゴミは、すぐに取れないこともあります。

この人は何が一番困ると言っていますか。

解説

1・4　タバコのゴミやジュースやコーヒーの缶にも困っているが、「もっと困るのは、ゴミが草とか木の枝の間に入っていること」と言っている。

1・4　He says that butts and juice and coffee cans are also a problem, but "もっと困るのは、ゴミが草とか木の枝の間に入っていること (more of a problem is the fact that the garbage gets among the grass and branches of trees.)".
3　Smoking is not allowed in the building.

1・4　男子说烟头垃圾以及果汁和咖啡的罐等也很难处理，但是 "もっと困るのは、ゴミが草とか木の枝の間に入って

3　建物の中ではタバコは吸えない。

いること（更难处理的是草丛和树枝中的垃圾)"。
3　在建筑物里面不能吸烟。

1・4　Người nam cũng gặp khó khăn vì tàn thuốc lá, vỏ lon nước trái cây và cà phê nhưng đã nói là: "もっと困るのは、ゴミが草とか木の枝の間に入っていること (Gây khó khăn hơn cả là chuyện rác vướng vào giữa cỏ hoặc cành cây)".
3　Không được hút thuốc bên trong các tòa nhà.

3ばん　　正解　1　　　　　　　　　　　　　　p.28

スクリプト　🔊B 04

天気予報を聞いています。何曜日に一日中晴れると言っていますか。

男：一週間の天気予報です。月曜日は一日中、雨が降るでしょう。火曜日は朝からずっと晴れるでしょう。水曜日と木曜日は晴れますが、ときどき雨が降って変わりやすい天気になるでしょう。金曜日は、気持ちのいい一日になるでしょう。土日は晴れ、ときどき曇りで、少し寒くなるでしょう。

何曜日に一日中晴れると言っていますか。

解説

「気持ちのいい一日になる」は「一日中晴れる」という意味。一日ずっと晴れるのは、火曜日と金曜日。

"気持ちのいい一日になる" means the weather will be fine all day. The days when it is forecast to be fine all day are Tuesday and Friday.

"気持ちのいい一日になる" 意思是 "一整天都晴天"。一整天都晴天的是周二和周五。

"気持ちのいい一日になる" nghĩa là "Trời nắng ráo cả ngày". Thứ Ba và thứ Sáu là những hôm trời nắng suốt cả ngày.

4ばん　　正解　2　　　　　　　　　　　　　　p.29

スクリプト　🔊B 06

コンビニのコピーの機械が壊れているようです。コンビニの人に何と言いますか。
男：1　すみません、これ、壊れないんです。
　　2　すみません、これ、動かないんです。
　　3　すみません、これ、買いたいんです。

解説

「これ（＝コピーの機械）、動かないんです」はコピーの機械が正常に作動しないという意味。

"これ（＝コピーの機械）、動かないんです" means that the copier is not working properly.

"これ（＝コピーの機械）、動かないんです" 意思是 "复印机无法正常工作"。

10回目　39

"これ（＝コピーの機械）、動かないんです" nghĩa là máy phô-tô không hoạt động.

5ばん　　正解　1　　　　　　　　　　　　　　　　　　　　　　p.29

スクリプト　🔊 B 07

お皿を落としました。何と言いますか。

男：1　お皿を割ってしまいました。

　　2　このお皿、割ってみました。

　　3　お皿、割ったそうです。

解説

「～てしまう」は後悔・残念な気持ちを表すときに使う。

2　「～てみる」は、何かを試すという意味。

3　「（普通形）＋そうです」はだれかが言ったことをほかの人に伝える表現。➡「引用」p.67

"～てしまう" is used to express a feeling of regret or disappointment about something.
2　"～てみる" is used when you try doing something.
3　"（普通形）＋そうです" is a formula used to convey to another person what somebody has said. ➡「引用」p.67

"～てしまう"可以用来表达后悔、遗憾的心情。
2　"～てみる"意思是尝试着做某事。
3　"（普通形）＋そうです"用于把听闻的某人说的话转述给别人的场合。➡「引用」p.67

"～てしまう" dùng khi thể hiện cảm xúc hối hận, tiếc nuối.
2　"～てみる" có nghĩa là thử làm cái gì đó.
3　"（普通形）＋そうです" là mẫu câu truyền đạt lại cho người khác điều ai đó đã nói. ➡「引用」p.67

6ばん　　正解　1　　　　　　　　　　　　　　　　　　　　　　p.29

スクリプト　🔊 B 09

女：書類はあしたまでに出さなければなりませんか。

男：1　あさってでもいいですよ。

　　2　ええ、すぐ出せますよ。

　　3　できるだけ早く返してください。

解説

書類の提出期限を聞かれているので、いつまでに出さなければならないか答えなければならない。
「～でもいいです」は～でも問題ないという意味。
➡「必要／不必要」p.61

Because she has asked about the submission deadline for the documents, the answer must be the deadline for submissions. "～でもいいです" means "～" will be no problem. ➡「必要／不必要」p.61

女子问的是提交文件的截止日期，因此必须回答截止到什么时间点必须提交。"～でもいいです"意思是"～也没有问题"。➡「必要／不必要」p.61

Vì đang được hỏi về hạn nộp tài liệu nên phải trả lời là cần nộp trước lúc nào. "～でもいいです" nghĩa là ～ cũng không vấn đề gì. ➡「必要／不必要」p.61

7ばん　　正解　2　　　　　　　　　　　　　　　　　　　　p.29

スクリプト　🔊 B 10

女：ご両親はお元気ですか。

男：1　はい、そうです。

　　2　昨日電話で話しましたが、元気でした。

　　3　はい、兄は元気です。

解説

1　「はい、そうです」は、「N ですか」の答え。
　　形容詞の質問の答えには、使えない。

3　両親（父と母）のことを聞かれたのに、兄（お
　　兄さん）のことを答えるのは不適切。➡「家
　　族関係を表す語」p.69

1　"はい、そうです" is the answer to noun-sentence "N です
　　か". This form is not used when answering questions involving
　　adjectives.
3　The question was about his parents (mother and father),
　　and so it was inappropriate to reply referring to the brother.
　　➡「家族関係を表す語」p.69

1　如果是 "N ですか" 的疑问句可以回答 "はい、そうです"。
　　对形容词的提问句不能如此回答。
3　男子被问及的是父母（父亲和母亲），回答的却是兄长（哥
　　哥），不合题意。➡「家族関係を表す語」p.69

1　"はい、そうです" là câu trả lời cho "N ですか". Không dùng
　　để trả lời cho câu hỏi có tính từ được.
3　Được hỏi về chuyện cha mẹ mà lại trả lời về anh trai là
　　không phù hợp.➡「家族関係を表す語」p.69

11 回目

1ばん　　正解　3　　　　　　　　　　　　　　　　　　　　p.30

スクリプト　🔊 B 12

男の人と女の人が話しています。女の人はどれを課長に渡しますか。

男：あ、鈴木さん、悪いんだけど、この資料の 22 ページと 23 ページをコピーして、課長
　　に渡してくれる？

女：はい、22 ページと 23 ページですね。

男：そう。あー、でもやっぱり、24 ページもコピーしてもらおうかな。

女：はい。わかりました。

男：同じ大きさの紙で、1 ページずつコピーしてください。2 ページを大きい 1 枚の紙に
　　しないでね。

女：わかりました。それを課長に渡しますね。

女の人はどれを課長に渡しますか。

解説

はじめ男の人は22ページと23ページだけコピーしてほしいと言ったが、「あー、でもやっぱり」と言って、24ページもコピーするように頼んだ。また、「同じ大きさの紙で、1ページずつコピーしてください」と言ったので、小さい紙3枚にコピーする。➡「意見を変える」p.68

At first, the man said that he wanted to have pages 22 and 23 only copied, but then he said "あー、でもやっぱり" and asked her to copy page 24 as well. Furthermore, because he said "同じ大きさの紙で、1ページずつコピーしてください (please do the copies on separate single sheets of the same size)", three copies onto small sheets will be made. ➡「意見を変える」p.68

男子最初说只希望复印22页和23页，后来又说 "あー、でもやっぱり"，请求把24页也复印了。另外男子还说了 "同じ大きさの紙で、1ページずつコピーしてください (用相同大小的纸一页一页复印)"，所以是复印在3张小的纸上。➡「意見を変える」p.68

Lúc đầu người nam nói chỉ cần người nữ phô-tô trang 22 và 23 nhưng rồi lại nói: "あー、でもやっぱり" và nhờ người nữ phô-tô cả trang 24 nữa. Anh ta nói: "同じ大きさの紙で、1ページずつコピーしてください (Phô-tô từng trang một lên giấy có khổ bằng nhau nhé!)" nên sẽ phô-tô lên 3 tờ nhỏ. ➡「意見を変える」p.68

2ばん　　　正解　1　　　　　　　　　　　　　　　　　　　　　p.31

スクリプト　🔊B 13

図書館の人が、本の借り方について話しています。本を借りるとき、どうしなければなりませんか。

女：本を借りるときには、このカードが必要です。本は1回に3冊まで、2週間、借りられます。本を借りるときは、まず、カードをこちらに入れてください。そして、本をこの機械の上に置いてから、このボタンを押してください。2冊以上借りるときには、1冊ずつ、全部、同じことをしてくださいね。

本を借りるとき、どうしなければなりませんか。

解説

本を借りるとき、まず、カードを入れる。次に、本を1冊機械の上に置いてから、ボタンを押す。「1冊ずつ、全部、同じことをしてください」と言っているので、イのようにはしない。➡「順番」p.56

When borrowing a book, you first insert the card. Then you press the button after placing the book (one volume) onto the top of the machine. She is saying "1冊ずつ、全部、同じことをしてください (do them all, one book at a time, in the same way)", so the situation shown in "イ" is incorrect. ➡「順番」p.56

借书时首先插入卡片。然后把1册书放在机器上面，按按钮。女子说 "1冊ずつ、全部、同じことをしてください (每一本都重复相同的操作)"。不要像 "イ" 那样做。➡「順番」p.56

Khi mượn sách, trước tiên sẽ cho thẻ vào. Tiếp theo, để 1 cuốn sách lên máy rồi nhấn nút. Người nữ nói: "1冊ずつ、全部、同じことをしてください (Làm từng cuốn một và làm thao tác giống nhau cho tất cả các cuốn)" nên không làm như hình "イ" được. ➡「順番」p.56

スクリプト　🔊 B 15

男の人と女の人が話しています。男の人はどうして早く帰りますか。

男：お先に失礼します。

女：佐藤さん、早いですね。もう仕事、終わったんですか。

男：いいえ。でも、うちでマリーに晩ご飯を作らなければならないんです。

女：マリーちゃん……。彼女ですか。

男：かわいいですよ。ぼくの白いねこ。

女：ああ。

男：それに、今日は急に寒くなったから、急いで帰ってエアコンをつけないと……。風邪をひいたら大変です。

女：はは。じゃあ、かわいい彼女によろしく。

男の人はどうして早く帰りますか。

解説

「うちでマリー（＝ねこ）に晩ご飯を作らなければならない」と言っている。

1　「仕事、終わったんですか」という質問に男の人は「いいえ」と答えている。

3　ねこは病気ではない。急いでエアコンをつけないとねこが風邪をひくかもしれないと心配している。

4　女の人は「じゃあ、かわいい彼女によろしく」と言ったが、「彼女」は男の人のねこのこと。人間の彼女のことではない。

He is saying that "うちでマリー（＝ねこ）に晩ご飯を作らなければならない (he must fix Marie (=the cat)'s evening meal)".
1　To the question, "仕事、終わったんですか (have you finished your work?)", the man replies "いいえ".
3　The cat does not feel sick. He is worried that unless the air conditioning (heating) is quickly switched on, the cat may catch a cold.
4　The woman said "じゃあ、かわいい彼女によろしく", but "彼女" was the man's cat, not a woman or girl.

男子说 "うちでマリー（＝ねこ）に晩ご飯を作らなければならない (必须在家给玛丽（＝猫）做晚饭)"。
1　男子对 "仕事、終わったんですか (工作做完了吗)" 这一提问回答说 "いいえ"。
3　猫没有生病。如果不赶紧开空调的话男子担心猫会感冒。
4　女子说 "じゃあ、かわいい彼女によろしく", "彼女" 指的是男子的猫，不是女朋友。

Người nam nói: "うちでマリー（＝ねこ）に晩ご飯を作らなければならない (Phải ở nhà nấu bữa tối cho Marie (=con mèo))".
1　Người nam trả lời: "いいえ" khi được hỏi: "仕事、終わったんですか (Anh xong việc rồi à?)".
3　Con mèo không bị bệnh. Anh ta chỉ đang lo nếu không về nhanh mở máy điều hòa thì mèo có thể bị cảm.
4　Tuy người nữ nói: "じゃあ、かわいい彼女によろしく" nhưng "彼女" tức là con mèo của người nam. Không phải bạn gái.

4 ばん　　正解　1　　　　　　　　　　　　　　　　　　　　　　p.32

スクリプト　🔊B 17

前を歩いている人が鍵を落としました。何と言いますか。

女：1　鍵、落ちましたよ。

　　2　鍵、落としたんですよ。

　　3　鍵、落ちそうですよ。

解説

2　「鍵、落としたんですよ」は自分が鍵を落と
　したことを相手に説明する言い方。

3　「鍵、落ちそうですよ」は鍵がまだ落ちてい
　ないが、もうすぐ落ちるかもしれないという
　意味。

2　"鍵、落としたんですよ" is a way of saying to somebody that you have dropped your own keys.
3　"鍵、落ちそうですよ" means the keys have not yet fallen, but are likely to imminently.

2　"鍵、落としたんですよ" 这一说法是在向对方说明自己把钥匙弄丢了。
3　"鍵、落ちそうですよ" 意思是钥匙还没有掉，但也许马上就要掉了。

2　"鍵、落としたんですよ" là cách nói để giải thích cho đối phương rằng mình đã làm rơi chìa khóa.
3　"鍵、落ちそうですよ" nghĩa là tuy chìa khóa chưa rơi xuống nhưng có lẽ sắp sửa rơi.

5 ばん　　正解　1　　　　　　　　　　　　　　　　　　　　　　p.32

スクリプト　🔊B 18

ゴミを捨てる日について聞きたいです。何と言いますか。

女：1　ゴミは、いつ出したらいいですか。

　　2　ゴミは、ここに捨ててもいいですか。

　　3　ゴミの日はいつにしましょうか。

解説

➡「やり方を聞く」p.58

2　ゴミを捨てる場所について聞く表現。➡「許
　可を求める」p.59

3　「いつにしましょうか」は、ゴミを捨てる日
　をいつにするか相談する表現。

➡「やり方を聞く」p.58
2　Way of asking about where to dispose of garbage. ➡「許可を求める」p.59
3　"いつにしましょうか" is a formula for discussing what day the garbage should be taken out.

➡「やり方を聞く」p.58
2　这句是就垃圾的投放场所提问的表达方式。➡「許可を求める」p.59
3　"いつにしましょうか" 是就何时扔垃圾进行商量的表达方式。

➡「やり方を聞く」p.58
2　Là câu để hỏi về nơi đổ rác. ➡「許可を求める」p.59
3　"いつにしましょうか" là câu nói khi bàn bạc xem chọn ngày đổ rác là ngày nào.

6ばん　正解　2　p.32

スクリプト 🔊 B 20

男：すみません、ちょっと聞いてもいいですか。

女：1　ちょっと、いいですね。

　　2　はい、何ですか。

　　3　いいえ、知りませんでした。

解説

「聞いてもいいですか」は、質問することについて許可を求めている。それに対して、「はい、何ですか」と質問の内容を聞いている。➡「許可を求める」p.59

"聞いてもいいですか" is a formula for seeking permission to ask a question. The response "はい、何ですか" is an inquiry about what the question concerns. ➡「許可を求める」p.59

"聞いてもいいですか" 是就提问这一行为征求许可。对此回答说 "はい、何ですか" 是在问问题的内容。➡「許可を求める」p.59

"聞いてもいいですか" là đang xin phép đặt câu hỏi. Để đáp lại câu đó thì phải hỏi về nội dung câu hỏi là: "はい、何ですか". ➡「許可を求める」p.59

7ばん　正解　1　p.32

スクリプト 🔊 B 21

女：ドゥクさん、遠慮しないでどうぞ。

男：1　はい、いただきます。

　　2　はい、ごちそうさまでした。

　　3　では、遠慮します。

解説

「遠慮しないでどうぞ」は、「気にしないで～してください」という意味。ここでは、食事を勧めているので、男の人は「いただきます」と答える。

"遠慮しないでどうぞ" means "don't worry, please go ahead." Here, it is an invitation to start eating, so the man replies "いただきます".

"遠慮しないでどうぞ" 意思是 "别客气请……"。这里是邀请对方吃饭，所以男子回答说 "いただきます"。

"遠慮しないでどうぞ" nghĩa là "Hãy... đi đừng ngại". Trong trường hợp này người nữ đang mời dùng bữa nên người nam trả lời "いただきます".

１ばん　　正解　１　　　　　　　　　　　　　　　　　　　　p.33

スクリプト	🔊 B 23

女の人と男の人が話しています。男の人はこのあとまず何をしなければなりませんか。

女：犬の散歩に行ってくれる？ 私、晩ご飯の用意がまだ終わらないんだ。

男：ハチの散歩かあ。わかった。ハチ、ハチ、こっちへ来い。

女：公園までハチを歩かせないでね。公園の中で遊ばせて。

男：うん、わかった。外は寒そうだなあ。コートはどこにある？

女：その服、暖かそうだから、コートはいらないでしょう？

男：でも、雨も降りそうだし。

女：え！ それは大変。じゃあ、ハチに靴をはかせて。それから、雨が降ったらすぐ帰ってきて。ハチが汚れないようにしてね。

男：う、うん、わかった……。

男の人はこのあとまず何をしなければなりませんか。

解説

女の人はまず犬に靴をはかせてから、散歩に行くように言っている。➡「依頼する」p.57

2　二人は男の人のコートについて話しているが、犬の服については話していない。

3・4　公園へ行くのは、靴をはかせたあと。

The woman is telling the man to go for a walk after putting booties on the dog. ➡「依頼する」p.57

2　They are talking about the man's coat, not about the dog's.

3・4　After he has put the booties on the dog, he is going to the park.

女子说首先给狗穿上鞋子，然后去散步。➡「依頼する」p.57

2　两个人谈论的是男子的外套，没有谈论狗的衣服。

3・4　去公园是给狗穿上鞋子之后要做的事。

Người nữ nói trước tiên phải mang giày cho con chó rồi mới đưa đi dạo. ➡「依頼する」p.57

2　Hai người đang nói chuyện về áo khoác của người nam, không phải áo của con chó.

3・4　Sau khi mang giày cho chó sẽ đi công viên.

２ばん　　正解　１　　　　　　　　　　　　　　　　　　　　p.34

スクリプト	🔊 B 25

男の人がそば屋に電話をかけています。男の人は、どうして予約しましたか。

女：はい、駅前そばです。

男：あ、すみません。ランチの時間は何時までですか。

女：2時半までです。

男：じゃあ、まだ時間、ありますね。

女：でも、ランチ用のそばがなくなったら、お店を閉めます。

男：そうですか。届けてもらうことはできますか。

女：ランチの時間はできないんです。予約しますか。

男：はい、お願いします。小山です。ランチが終わる少し前に、二人、行きます。

女：わかりました。

男の人は、どうして予約しましたか。

解説

そばがなくなったら店を閉めると言われたので、
そばがなくなることを心配して予約した。

Because he was told that the shop would close when it ran out of soba, he made a reservation out of worry that that would happen.

男子被告知如果荞麦面卖完了饭店就会关门，他担心荞麦面没有了所以就预订了。

Vì người nữ nói khi hết mì soba là sẽ đóng cửa quán, người nam lo sẽ hết mì nên đã đặt chỗ.

3ばん　　正解　4　　　　　　　　　　　　　　　p.34

スクリプト　🔊 B 26

男の人と女の人が話しています。女の人は何を心配していますか。

男：この本、おもしろかったよ。よかったら、読む？

女：え？ いいの？ ありがとう。これ、みんながおもしろいと言っていたよ。図書館でも借りられなかったんだ。

男：そう。本当におもしろくて、途中でやめられないよ。ぼくは、夜、寝ないで読んで、次の日会社に遅れてしまったんだよ。

女：えー。それ、心配だなあ。

男：じゃあ、今日じゃなくて、休みの前に貸すよ。

女：うん。先にリズさんに貸してあげて。読みたいと言っていたから。

女の人は何を心配していますか。

解説

男の人が夜、寝ないで読んで会社に遅れたという話を聞いて、自分も会社に遅れることを心配している。

Hearing that the man was late for work because he had been up all night, unable to stop reading the book, she worries that (the same thing could happen to her and) she too would be late for work.

女子听说男子通宵读那本书结果上班迟到了，因此担心自己也会上班迟到。

Nghe người nam nói thức cả đêm đọc sách nên đi làm muộn, người nữ lo lắng là mình cũng sẽ đi làm muộn.

4ばん　　正解　1　　　　　　　　　　　　　　　p.34

スクリプト　🔊B 28

電車に乗っています。会社の人から電話がかかってきました。何と言いますか。

男：1　今、電車の中なので、あとでこちらから電話します。

　　2　すみません、電車の中で電話をかけないでください。

　　3　電車の中から電話をかけて、すみません。

解説

1は、電車を降りてから自分から電話するという意味。

2　「〜ないでください」は禁止する言い方。相手が電車で電話をかけているのではない。→「命令する／禁止する」p.64

3　自分が電話をかけたのではない。相手が電話をかけた。→「謝る」p.62

1. means that the person will call back after getting off the train.
2 "〜ないでください" is a prohibiting formula. It is not that the other person is making a telephone call on the train. →「命令する／禁止する」p.64
3 It is not the man who has made a telephone call. The other person made the call. →「謝る」p.62

选项1意思是下火车后自己给对方打过去。
2 "〜ないでください"是表示禁止的说法。对方并没有在火车上打电话。→「命令する／禁止する」p.64
3 不是自己打电话。而是对方打电话。→「謝る」p.62

1 nghĩa là sau khi xuống tàu điện thì mình sẽ gọi lại.
2 "〜ないでください" là mẫu câu cấm đoán. Đối phương không phải đang gọi điện thoại trên tàu điện. →「命令する／禁止する」p.64
3 Không phải mình là người gọi điện mà là đối phương. →「謝る」p.62

5ばん　　正解　1　　　　　　　　　　　　　　　p.34

スクリプト　🔊B 29

友達にボールペンを借りたいです。何と言いますか。

女：1　ボールペン、貸してくれる？

　　2　ボールペン、貸してあげる？

　　3　ボールペン、貸してもらう？

「貸してくれる？」は「貸してくれますか」という質問。➡「依頼する 注意」p.57

2 「私に貸してください」と言いたいときには、「あげる」は使えない。

3 自分がボールペンを借りたいとき、「貸してもらう？」は使わない。「貸してもらえる？」だったら正しい。

"貸してくれる？" is a question meaning, "Will you lend it to me?" ➡「依頼する 注意」p.57

2 When you want to say, "私に貸してください (please lend it to me)", the word "あげる" is not used.

3 When you want to borrow a pen yourself, you do not say "貸してもらう？". It is correct if you say "貸してもらえる？".

"貸してくれる？"意思是"能借给我吗"。➡「依頼する 注意」p.57

2 想表达"私に貸してください（请借给我）"时，不能使用"あげる"。

3 自己想借别人的圆珠笔时，不能说"貸してもらう？"。如果是"貸してもらえる？"的话就对了。

"貸してくれる？" là câu hỏi "Cho mình mượn nhé". ➡「依頼する 注意」p.57

2 Khi muốn nói "私に貸してください (Hãy cho tôi mượn)" thì không dùng "あげる".

3 Khi bản thân muốn mượn bút thì không dùng "貸してもらう？". Nếu là "貸してもらえる？" thì được.

6ばん　　正解　3　　　　　　　　　　　　　　　　　　p.35

スクリプト　🔊B 31

女：週末、いい天気だったら、どこに行きたいですか。

男：1　一人でも行きたいです。

　　2　公園にもありませんよ。

　　3　どこにも行きたくないです。

解説

3は、行きたいところを聞かれたが、行きたいところがないときに言う表現。

3. is used when you are asked where you want to go, and you do not want to go anywhere.

选项3用于表达被问及想去哪里但自己却没有想去的地方时。

3 là câu nói khi được hỏi nơi muốn đi nhưng lại không muốn đi đâu.

7ばん　　正解　2　　　　　　　　　　　　　　　　p.35

p.35

スクリプト　🔊 B 32

女：あしたの会議、出席しなくてもいいですか。

男：1　いいえ、忙しくても、出席するつもりですよ。

　　　2　はい、忙しかったら、出席しなくてもいいですよ。

　　　3　ええ、必要だったら、出席してもいいですよ。

解説

女の人は、出席する必要がないかどうか聞いている。男の人は、忙しかったら、出席する必要はないと言っている。➡「必要／不必要」p.61

1　「出席するつもりですよ」と男の人が自分のことについて言っている。

3　女の人に出席する許可を与える表現。

The woman is asking whether or not it is necessary to attend. The man is saying that there is no such need if she is busy. ➡「必要/不必要」 p.61
1　When he says "出席するつもりですよ (I will attend)", the man is talking about himself.
3　A response for giving the woman permission to attend.

女子问是否必须参加会议。男子说如果忙不参加也行。➡「必要/不必要」p.61
1　"出席するつもりですよ（我要参加哦）"，男子是说自己要参加。
3　是允许女子参加会议的表达方式。

Người nữ đang hỏi xem có cần phải tham dự cuộc họp hay không. Người nam nói nếu bận thì không cần dự họp. ➡「必要/不必要」p.61
1　"出席するつもりですよ (Tôi dự định đi họp đấy)" là người nam đang nói về chuyện của bản thân mình.
3　Là câu nói khi cho phép người nữ tham dự cuộc họp.

もんだい1

1ばん　　正解　4　　　　　　　　　　　　　　　　　　　　p.38

スクリプト　🔊B 34

駅の案内所で、女の人と男の人が話しています。女の人は、このあとまず何をしますか。

女：あのう、東京美術館に行きたいんですけど、歩いて行けますか。

男：そうですね。行けますけど、30分ぐらいかかりますよ。ちょっと大変ですよ。

女：そうですか。バスとか電車とかありますか。

男：ええ、ここを出てすぐ右にバス乗り場があります。3番のバスに乗れば、10分ぐらい
　　で着きます。電車より早いですよ。

女：わかりました。じゃ、そうします。

男：あ、バス乗り場にある自動販売機で1日チケットを買うといいかもしれません。バス
　　2回の値段で、一日中乗れますよ。

女：あ、美術館のあと、ほかの場所も見たいので、そっちがいいですね。ありがとうござ
　　います。

女の人は、このあとまず何をしますか。

2ばん　　正解　4　　　　　　　　　　　　　　　　　　　　p.38

スクリプト　🔊B 35

病院で男の人と女の人が話しています。男の人は、このあとまず何をしますか。

男：すみません。お金はどこで払いますか。

女：先生にもう診てもらいましたか。

男：はい、もう。

女：じゃあ、この紙を4番の受付に持っていってください。

男：4番ですね。

女：ええ、そこで番号の紙をもらいますから、自分の番号が呼ばれたら、2番で払ってください。

男：はい。わかりました。薬は？

女：お金を払ってから、病院の前の薬屋で買ってください。

男の人は、このあとまず何をしますか。

リスト参照

「呼ばれたら」「払ってから」➡「順番」p.56

3ばん　　正解　3　　　　　　　　　　　　　　　　　　　　　　p.39

スクリプト　🔊B 36

ダンスの教室の受付の人が話しています。この教室で練習するためには、どんな準備をしたらいいですか。

女：このクラスは、初めてダンスを習う人のためのクラスです。いろいろな音楽を聞きながら、楽しく練習します。服は特に決まっていませんが、動きやすいものがいいでしょう。女の人はスカートではなく、ズボンがいいです。このクラスでは靴は必要ありません。靴下もはかないでください。途中で水が飲めるように、飲み物を準備しておいてください。

この教室で練習するためには、どんな準備をしたらいいですか。

リスト参照

「準備しておいて」➡「ている／おく／ある」p.65

4ばん　　正解　2　　　　　　　　　　　　　　　　　　　　　　p.39

スクリプト　🔊B 37

先生と子どもが話しています。子どもはうさぎに何をあげますか。

女：今日、学校のうさぎの世話をする人はだれですか。

男：はーい。ぼくです。

女：昨日、掃除できなかったので、きれいに掃除してくださいね。古い食べ物があったら捨ててください。

男：パンをあげてもいいですか。

女：いいえ。うさぎが病気になりますよ。果物ときれいな水をあげてください。果物はりんごをあげてください。でも、切ってくださいね。

子どもはうさぎに何をあげますか。

リスト参照

「パンをあげてもいいですか」 ➡「許可を求める」p.59

5ばん　　正解　1　　　　　　　　　　　　　　p.40

スクリプト　🔊B 38

家で子どもとお母さんが話しています。子どもはこのあと、どこの引き出しを探しますか。

男：お母さん、薬、どこ？　いつもの引き出しにないよ。

女：よく見なさいよ。おなかが痛いの？　昨日あんなに食べたから。

男：うるさいなあ。右側の一番下の大きな引き出しだよね。ないよ。ペンやはさみが入っている。

女：あ、そうだ。この前、場所を変えたんだ。薬は左側の下から2番目。

男：そういうことは、みんなにすぐに言ってよね。

子どもはこのあと、どこの引き出しを探しますか。

6ばん　　正解　1　　　　　　　　　　　　　　p.40

スクリプト　🔊B 39

店の人と女の人が話しています。女の人は、次にいつアルバイトに来ますか。

男：ポンさんは木曜と金曜に働きたいんですか。

女：はい。木曜は午後から働けます。金曜日は朝からだいじょうぶです。

男：木曜は12時からでもいいですか。

女：12時はちょっと難しいですが、1時なら来られます。

男：うちの店は昼、忙しいんです。12時に来てくれるとうれしいんだけど。

女：そうですか。ここまでバスで来るんですけど、バスがときどき遅れるんです。12時だと、間に合わないかもしれないので。

男：ああ、遅れるときは連絡してくれればいいですよ。じゃあ、12時からお願いします。

女：はい。

男：あさっては木曜日だから、あさってから来られますね。金曜日は店を10時に開けますけど、9時30分に来てください。

女：はい、わかりました。

女の人は、次にいつアルバイトに来ますか。

7ばん　　正解　3　　　　　　　　　　　　　　　　　　　　p.40

スクリプト　🔊B 40

会社で課長がアルンさんに話しています。アルンさんは大学生が来たら、何をしますか。

男：アルンさん、あした、大学生がこの会社を見に来ます。学生ははじめに、会議室で会社の説明を聞きます。それから、工場の見学をしたあとで、ここに来ます。仕事について学生がいろいろ質問をすると思いますので、アルンさんはそれに答えてください。留学生もいますが、日本語が話せるので、英語ではなく日本語を使ってください。

アルンさんは大学生が来たら、何をしますか。

リスト参照

「はじめに」「それから」➡「順番」p.56

8ばん　　正解　4　　　　　　　　　　　　　　　　　　　　p.40

スクリプト　🔊B 41

アパートの前で女の人と男の人が話しています。男の人はこれから何をしますか。

女：ああ、ナロンさん。この二つのゴミは、ナロンさんが出したんですか。

男：はい、そうです。

女：今日は紙のゴミを出す日なんです。だから、こっちはいいんですけど、こっちのガラスはだめです。持って帰ってください。

男：あ、そうですか。ガラスのゴミはいつ出せますか。

女：金曜日です。

男：わかりました。すみません。

男の人はこれから何をしますか。

リスト参照

「こっちのガラスはだめです」➡「命令する／禁止する」p.64

もんだい2

1ばん　　正解　3　　　　　　　　　　　　　　　　　　　　　　p.41

スクリプト　🔊B 43

男の学生と女の学生が話しています。男の学生はどうして京都の大学に留学しましたか。男の学生です。

男：ナダさんはどうして京都の大学に入ることにしたんですか。

女：私は、子どものころから、京都に住みたいと思っていたんです。テレビで京都の町を見て、すてきだなと思いました。マイケルさんは？

男：ぼくは、京都の文化に興味があったから。

女：文化？　例えば、どんなものに興味があるんですか。

男：うーん、そうだなあ。えーと、えーと……、ごめん、文化に興味があるのはうそ。

女：え？

男：本当は、合格したのはこの大学だけだったから。でも住んでみたら、とてもいい町だと思いました。食べ物もおいしいし、自然もきれいだし。

女：うん。本当にいいところですね、京都は。

男の学生はどうして京都の大学に留学しましたか。

リスト参照

「うーん」➡「話しことば」p.51

2ばん　　正解　I　　　　　　　　　　　　　　　　　　　　　　　p.41

スクリプト　🔊B 44

お母さんと子どもが話しています。お母さんはどうしてサクラホテルに泊まることにしましたか。

女1：カナエちゃん。今度の旅行のホテル、サクラホテルを予約したよ。

女2：えー、どうして？ 海の近くでもないし、ホテルに温泉もないよ。パパは温泉が好きなのに。

女1：うん。でも、いろいろなプールがあるから。カナエちゃん、プールで泳ぎたいでしょう？

女2：うん！ やったあ！ あ、パンフレットに、近くに動物園もあると書いてあるよ。

女1：本当だね。ママも知らなかった！ あ、近くに温泉もあるね。

女2：パパも喜ぶね！

お母さんはどうしてサクラホテルに泊まることにしましたか。

3ばん　　正解　2　　　　　　　　　　　　　　　　　　　　　　　p.41

スクリプト　🔊B 45

先生が学生たちに話しています。ケーキはどうして作れなくなりましたか。

男：皆さん、あしたケーキ工場を見に行く予定でしたが、中止になってしまいました。日曜日に大きい台風が来ましたね。ケーキ工場の近くでは強い風が吹いて、隣の建物が壊れてしまったそうです。その建物にはケーキに使う砂糖が置いてありました。工場が休みで、だれもいなかったので、建物の中に雨が入って、砂糖が使えなくなったそうです。それで、ケーキが作れないと工場の人から連絡がありました。本当に残念ですが、また次の機会を楽しみにしましょう。

ケーキはどうして作れなくなりましたか。

4ばん　　正解　2　　　　　　　　　　　　　　　　　　　　　　　p.41

スクリプト　🔊B 46

女の人と男の人が話しています。今だれが大阪に住んでいますか。

女：田中さん、大阪に住んでいたことがありますよね。

男：はい。大学生のとき、住んでいました。

女：10月から姉が仕事で大阪に行くんです。2年ぐらい住むそうなので、どこか住みやすいところを教えてくれませんか。

男：どこがいいかなあ……。あれ？ 山下さんの弟さん、大阪の大学に通っていますよね。

女：ええ。

男：じゃあ、一緒に住んだらどうですか。大学の近くだったら、住みやすいと思いますよ。

女：ええ、私もそう思うんですが、弟が「いやだ」と言っているんです。

今だれが大阪に住んでいますか。

リスト参照

「姉」「弟さん」「弟」 ➡ 「家族関係を表す語」p.69
「一緒に住んだらどうですか」 ➡ 「アドバイス」p.62

5ばん　　正解　3　　　　　　　　　　　　　　　　p.42

スクリプト　🔊B 47

コンサートのあとで、男の人と女の人が話しています。女の人は、このコンサートについてどう思っていますか。女の人です。

男：いやあ、よかったね。本当によかった。

女：うーん、私はちょっと……。

男：え？ そう？ 歌もダンスもすごくよかったよ。

女：まあ、ダンスはよかったけど、歌がちょっと少なかったよ。去年のコンサートのほうがもっとたくさん歌ったよ。

男：うん。

女：今日は私の好きな歌も歌わなかったし、話が長すぎたよ。話より歌が聞きたかった。

男：えー。話、すごくおもしろかったのに。

女：そうかなあ。

女の人は、このコンサートについてどう思っていますか。

6ばん　　正解　4　　　　　　　　　　　　　　　　　　　　p.42

スクリプト　🔊B 48

会社で男の人と女の人が話しています。女の人は何が大変だったと言っていますか。

男：昨日はとっても風が強かったですね。

女：ええ、うちは大変だったんです。庭の木が道に倒れてしまったんです。

男：ええっ、本当ですか。それは大変でしたね。

女：でも、近所の人たちがそれを見て、すぐに一緒に片づけてくれたんです。

男：だれもけがをしませんでしたか。

女：ええ、木が倒れたとき、ちょうど人も車も通っていなかったんです。

男：それは本当によかったですね。

女の人は何が大変だったと言っていますか。

7ばん　　正解　4　　　　　　　　　　　　　　　　　　　　p.42

スクリプト　🔊B 49

テレビのニュースで女の人が話しています。このアニメの放送時間はいつからいつに変わりましたか。

女：では、次のニュースです。子どもたちが大好きなアニメ、「ねこ忍者」の放送時間が変わりました。「ねこ忍者」は1979年から放送されていますが、ずっと金曜日の夜7時から放送していました。しかし、10月からは土曜日の夕方4時からに変わりました。テレビ会社の人は、「今の子どもは月曜日から金曜日までは勉強で夜まで忙しい。土曜日のほうがゆっくり見られるから」と説明しています。

このアニメの放送時間はいつからいつに変わりましたか。

もんだい3

1ばん　　正解　1　　　　　　　　　　　　　　　　　　　p.43

スクリプト　🔊B 51

男の人はペンを持っていないようです。何と言いますか。

58

女：1　よかったら、このペン、どうぞ。

　　　2　これはいいペンですよ。

　　　3　このペンを使ってもいいですか。

2ばん　　正解　3　　　　　　　　　　　　　　　　　　　　　p.43

スクリプト　🔊 B 52

エレベーターに乗ります。ほかの人が乗ってから乗ります。何と言いますか。

男：1　前でもいいです。

　　　2　後にしてください。

　　　3　どうぞお先に。

リスト参照

「どうぞお先に」➡「あいさつ／決まった表現」p.48

3ばん　　正解　１　　　　　　　　　　　　　　　　　　　　　p.44

スクリプト　🔊 B 53

紙に書いてあることばがわかりません。友達に聞きたいです。何と言いますか。

女：1　これ、どういう意味ですか。

　　　2　どの紙ですか。

　　　3　これ、どうしてわかりませんか。

4ばん　　正解　2　　　　　　　　　　　　　　　　　　　　　p.44

スクリプト　🔊 B 54

隣の席に座っていた人が帰ります。椅子の下に傘があります。何と言いますか。

女：1　あ、傘、ありましたよ。

　　　2　あのう、傘、忘れていますよ。

　　　3　この傘は私のじゃありません。

5ばん　　正解　3　　　　　　　　　　　　　　　　　　　　　p.45

スクリプト　🔊 B 55

冬に友達がTシャツを着ています。何と言いますか。

女：1　冷たくないんですか。

2　暑くないんですか。

3　寒くないんですか。

もんだい4

1ばん　　正解　3　　　　　　　　　　　　　　　　　　　　　　　p.46

スクリプト　🔊B 57

男：荷物、重そうですね。1つ持ちましょうか。

女：1　はい、持ちましょう。

　　2　ええ、持ってくれません。

　　3　あ、どうもすみません。

リスト参照

「持ちましょうか」➡「申し出る」p.59

2ばん　　正解　3　　　　　　　　　　　　　　　　　　　　　　　p.46

スクリプト　🔊B 58

女：森さん、ブラウンさんが昨日どうして仕事を休んだか知っていますか。

男：1　いいえ、私は昨日休みませんでしたよ。

　　2　ええ、昨日病気だったのに、来たそうです。

　　3　え、ブラウンさん、休んだんですか。

3ばん　　正解　2　　　　　　　　　　　　　　　　　　　　　　　p.46

スクリプト　🔊B 59

男：すみません。この店でタクシー、呼べますか。

女：1　あ、ありがとうございます。

　　2　はい、5分ぐらいで来ますよ。

　　3　ぜひお願いします。

4ばん　　正解　2　　　　　　　　　　　　　　　　　　　　　　　p.46

スクリプト　🔊B 60

女：だれか飲み物を買ってきてくれませんか。

男：1　高橋さんはくれませんよ。

2　あ、私が買いに行きます。

3　はい、飲み物はありません。

リスト参照

「買ってきてくれませんか」 ➡「依頼する」p.57

5ばん　　正解　2　　　　　　　　　　　　　　　　　　　p.46

スクリプト　🔊B 61

女：この紙に住所は書かなくてもいいですか。

男：1　住所はペンで書きましたよ。

　　2　ええ、書く必要はありません。

　　3　もっときれいに書いてください。

リスト参照

「書かなくてもいいですか」「書く必要はありません」 ➡「必要／不必要」p.61

6ばん　　正解　2　　　　　　　　　　　　　　　　　　　p.46

スクリプト　🔊B 62

男：昨日、仕事で失敗して、部長に怒られてしまいました。

女：1　そうですね。心配したほうがいいですよ。

　　2　次から気をつければ大丈夫ですよ。

　　3　部長が失敗したんですか。

7ばん　　正解　1　　　　　　　　　　　　　　　　　　　p.46

スクリプト　🔊B 63

男：まだカレー、ある？

女：1　もうないよ。

　　2　まだないよ。

　　3　早く作りなさい。

8ばん　　<ruby>正解<rt>せいかい</rt></ruby>　3　　　　　　　　　

スクリプト　🔊 B 64

<ruby>女<rt>おんな</rt></ruby>：あしたは<ruby>晴<rt>は</rt></ruby>れそうですね。

<ruby>男<rt>おとこ</rt></ruby>：　1　ええ、<ruby>雨<rt>あめ</rt></ruby>だといいですね。

　　　　　2　ええ、<ruby>雨<rt>あめ</rt></ruby>が<ruby>降<rt>ふ</rt></ruby>るかもしれませんね。

　　　　　3　ええ、<ruby>雨<rt>あめ</rt></ruby>は<ruby>降<rt>ふ</rt></ruby>りそうもないですね。